Brigitte
Büge

JETZT NÄH' ICH MIT CORD & SAMT

Dein Wohlfühl-Style selbstgenäht

CORD UND SAMT...

Einfache Schnitte – tolle Wirkung!

Diesmal möchte ich meine Leser für das Verarbeiten von Cord und Samt begeistern. Ganz bewusst habe ich einfache, top-modische Schnitte konstruiert, nach denen auch die noch nicht so Geübten ohne Bedenken, ganz easy, ihren Cord oder Samt in ein tolles Wohlfühl- und Lieblingsteil verwandeln können.

Es ist wieder für alle etwas dabei.
Mäntel, Jacken, Oberteile, Röcke und Hosen für den Alltag fürs Büro, für die Freizeit und für besondere Anlässe.
Auf jeden Fall sind alle Modelle sicher vielseitig mit eigenen vorhandenen Kleidungsstücken kombinierbar. Einfach mal in den Kleiderschrank schauen!

Ich wünsche allen viel Spaß beim Nähen des neuen Lieblingsteiles!
Sollte es dabei einmal nicht weitergehen, darf mich mein Leser gerne unter 040 8993286 anrufen. Ich helfe gerne.

ZUR AUTORIN

*Ich liebe meinen Beruf
und lebe meine Berufung.*

Da ich finde, dass man Wissen und Kreativität weitergeben muss, bilde ich seit vielen Jahren junge Menschen zu Maßschneidern und Maßschneiderinnen aus.
Die ganze Vielfalt, die dieser Beruf beinhaltet, habe ich mit Freude erlernt. Schon als Kind saß ich im Atelier meiner Mutter und habe Knöpfe angenäht. Mit 16 Jahren nähte ich Kleidungsstücke für meine Freunde. Nach dem Abitur begann ich eine Schneiderlehre. Nach Abschluss diese Berufsausbildung arbeitete ich ein Jahr als Kostümschneiderin an einem Theater. Ein Studium zur Modedesignerin & Schnittdirectrice folgte.
Der Wunsch, eine eigene Kollektion herzustellen, stand für mich schnell fest!

Seit 20 Jahren entwerfe ich nun jährlich 2 Kollektionen, die sich unter dem Namen „Brigitte Büge Collection" auf dem Markt im In- und Ausland gut etabliert haben.

Die Cord- und Samtwaren für dieses Buch habe ich von mahler.stoffe e.K. bezogen, ein Stoffgroßhandel und das Stoffgeschäft mit Tradition in Hamburg. Sollten meinem Leser die Stoffe gefallen, so hat er die Möglichkeit diese entweder vor Ort oder unter der Tel.-Nr. 040 2518530 zu erwerben.

INHALT

Schwierigkeitsgrade:

✂ = einfach

✂✂ = mittel

✂✂✂ = anspruchsvoll

WORKSHOP

Reißverschluss in der vorderen Mitte sichtbar einnähen

1 Taftstreifen (Zierband) vorbereiten: Eine 2 cm breite Pappschablone anfertigen. Den Taftstreifen von rechts auf das Bügelbrett legen (rechts unten). Die Pappschablone auf den Taftstreifen legen 1a und die Nahtzugabe um die Schablone herumbügeln. Zuerst an der einen langen Kante 1b, dann an der anderen langen Kante 1c.

2 Fertig eingebügelter Taftstreifen 2.

3 Den Reißverschluss öffnen und die Teile jeweils rechts auf rechts gemäß den Markierungspunkten auf das Vorderteil legen und feststecken 3a + 3b.

4 Mit einem schmalen Nähfuß den Reißverschluss jeweils auf der vorderen Kante festnähen 4a, 4b + 4c.

5 Beide Reißverschluss-Bänder sind auf den vorderen Kanten festgenäht 5.

6 Das Taftband an einer Kante wieder aufklappen, an der Reißverschluss-Unterseite auf die äußere Kante vom Reißverschluss-Band legen und feststecken 6.

7 Die Strecke genau im Falzbruch nähen und dabei die Stecknadeln entfernen 7a. Beide Taftstreifen sind aufgenäht 7b.

8 Band nach links bügeln und die Nahtzugaben schmalkantig feststeppen (Untersteppnaht) 8a + 8b.

9 Vordere Kante in den Nahtbruch bügeln 9. Reißverschluss liegt sichtbar an vorderer Kante und Taftstreifen liegen aufeinander.

10 Reißverschluss schließen 10.

11 Taftstreifen von links auf dem Vorderteil feststecken 11.

12 Streifen knappkantig aufsteppen 12.

13 Der fertige Reißverschluss 13.

1a

1b

1c

2

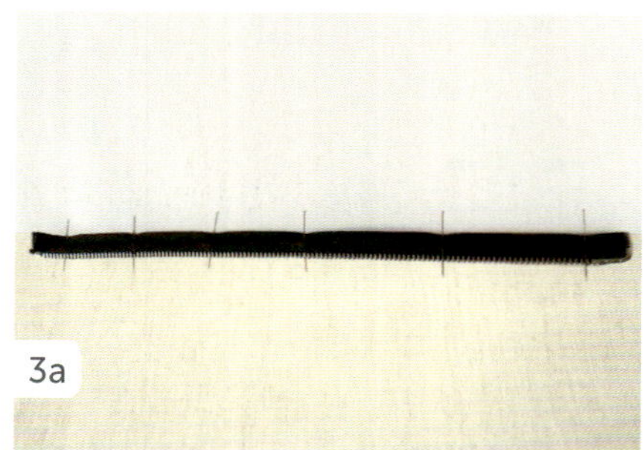
3a

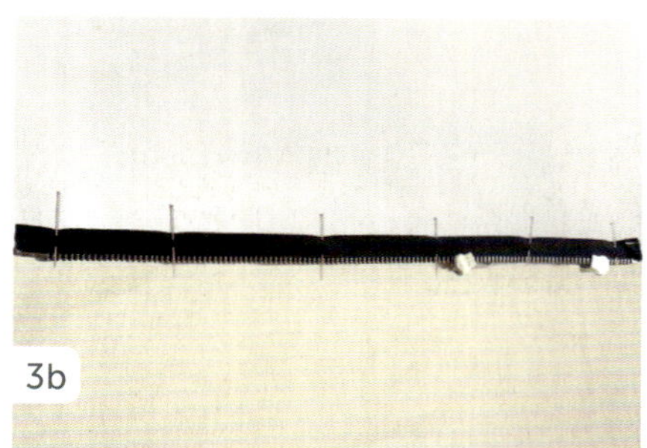
3b

4a

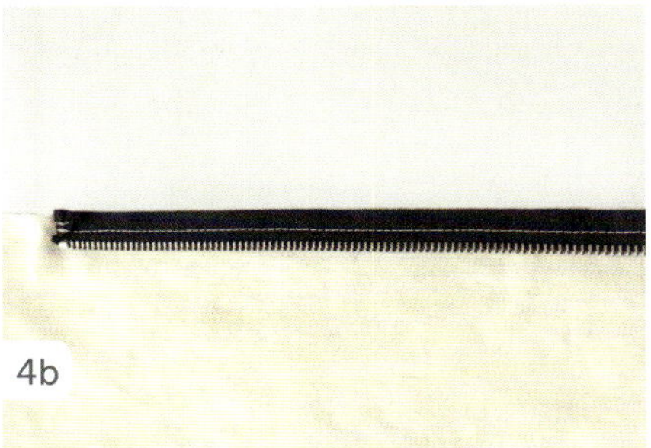
4b

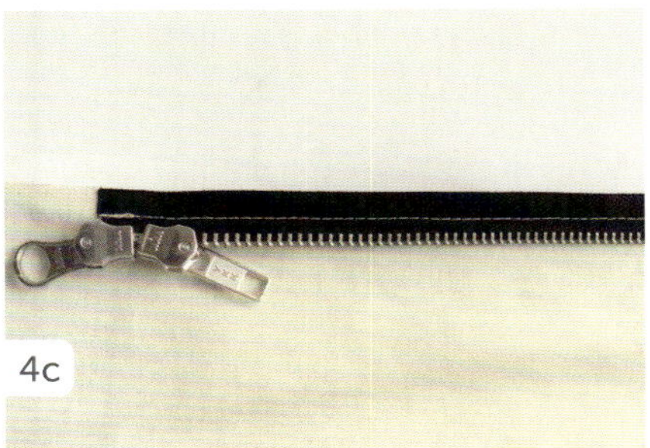
4c

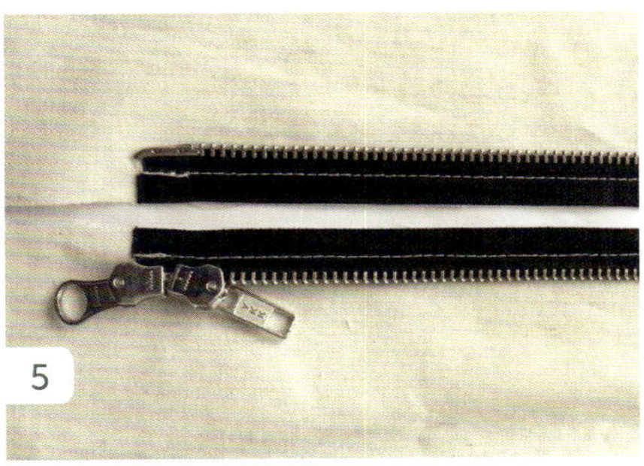
5

6

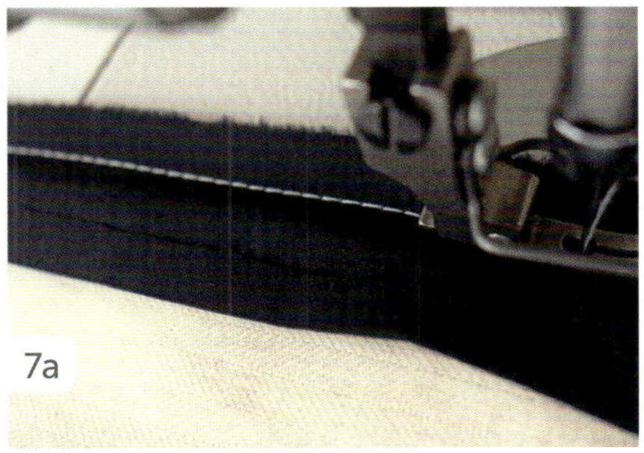
7a

7b

8a

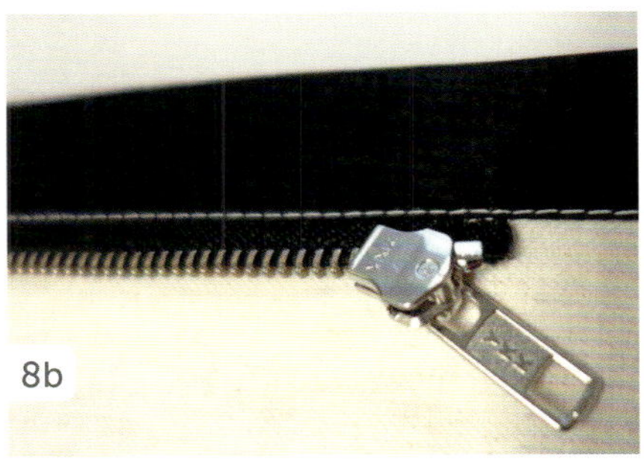
8b

9

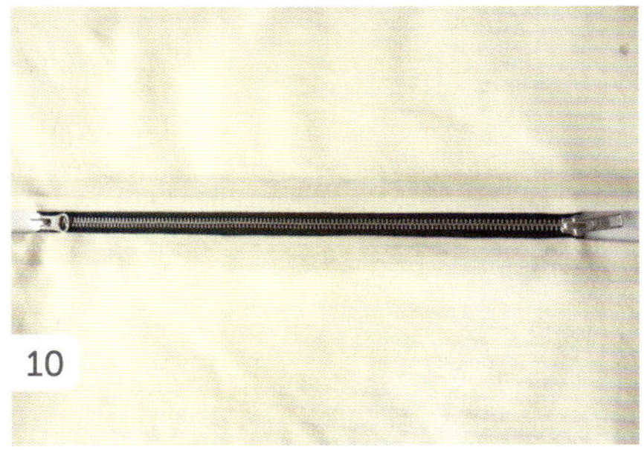
10

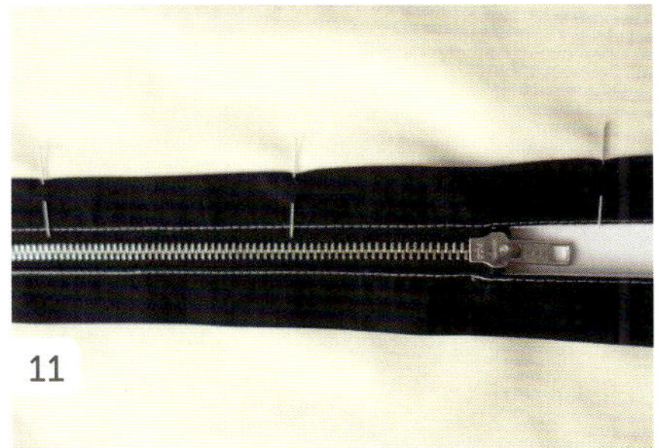
11

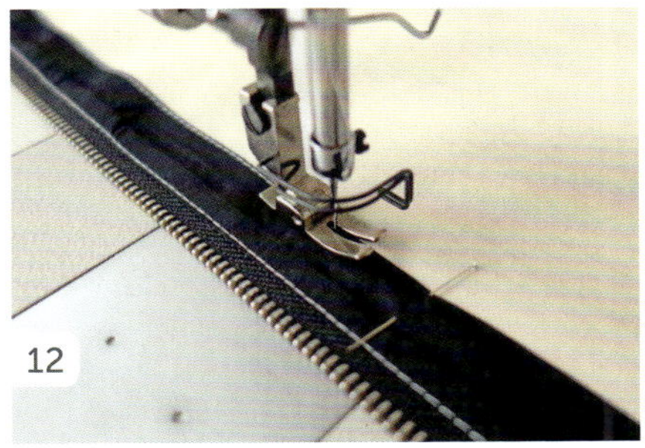
12

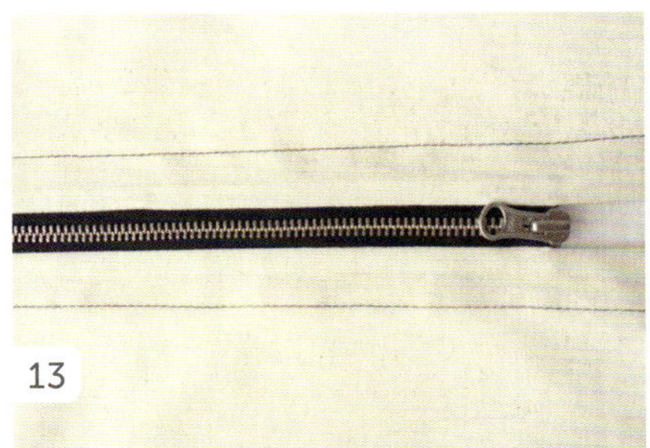
13

Tipp: Einen Reißverschluss-Fuß verwenden oder, falls möglich, die Nadelposition so dicht wie möglich zum Reißverschluss hin verschieben.

Angeschnittener Schalkragen

1 Die hintere Mitte des Schalkragens mit Stecknadeln befestigen und die Naht bei 1 cm nähen 1a. Die Nahtzugaben auseinanderbügeln 1b.

2 Schulterkanten des Vorder- und Rückenteils rechts auf rechts deckungsgleich aufeinanderlegen und mit Stecknadeln befestigen 2a.
Bitte Beachten! Die hintere Schulternaht (liegt unten) ist beim Auflegen 2 cm länger als die vordere Schulternaht 2b.

3 Schulternähte bei 1 cm schließen. Dabei je 1 cm weiter in den Schalkragen-Ansatz nähen und gut verriegeln 3.

4 Den Schalkragen an den Ecken, bis kurz vor der Verriegelung einschneiden 4.

5 Die Schnittkante des Schalkragens an die hintere Halsausschnittkante legen und mit Stecknadeln befestiger 5.

6 Die Naht exakt bis zur Schulternaht nähen 6a.
Ansicht von der rechten Seite 6b.
Ansicht von der linken Seite 6c.

7 Nahtzugaben versäubern 7.

8 Nahtzugaben in den Schalkragen bügeln 8a + 8b.

9 Belegkanten rechts auf rechts auf die vorderen Kanten legen und feststecken 9a, 9b + 9c.

10 Bei 1 cm Nahtbreite die vorderen Kanten und den Schalkragen nähen 10a + 10b.

11 Die Nahtzugaben auseinanderbügeln 11a + 11b.

12 Die auseinandergebügelte Naht in den Nahtbruch bügeln 12.

13 Der fertige Schalkragen 13.

2a

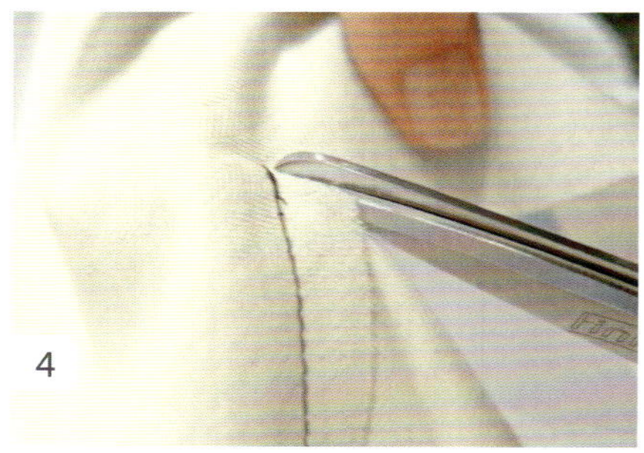
4

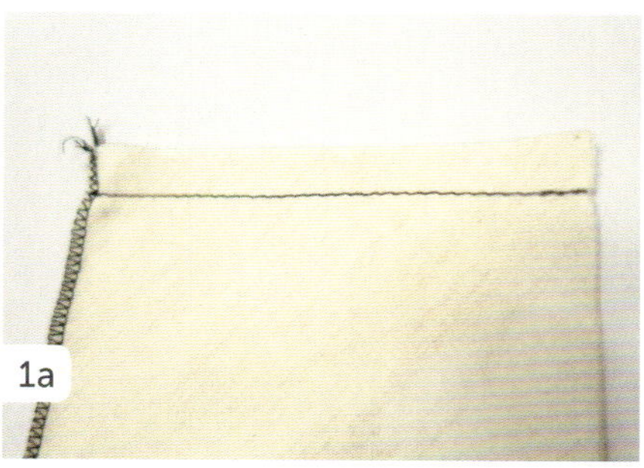
1a

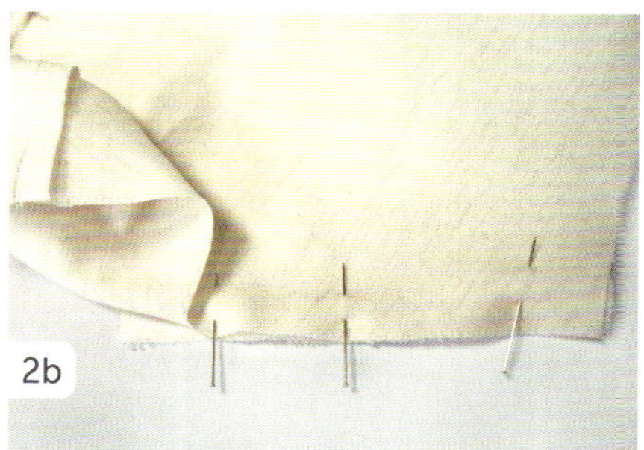
2b

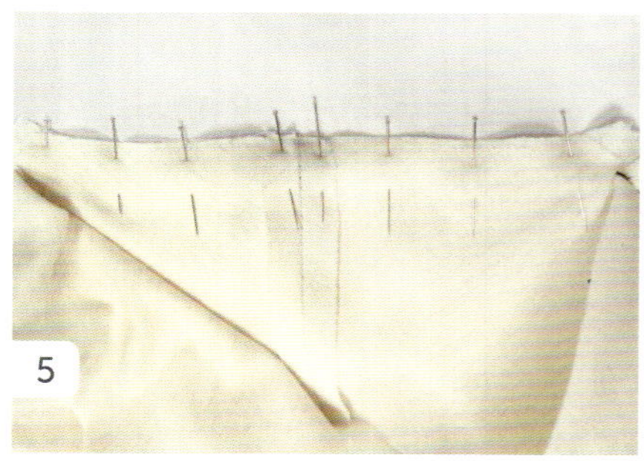
5

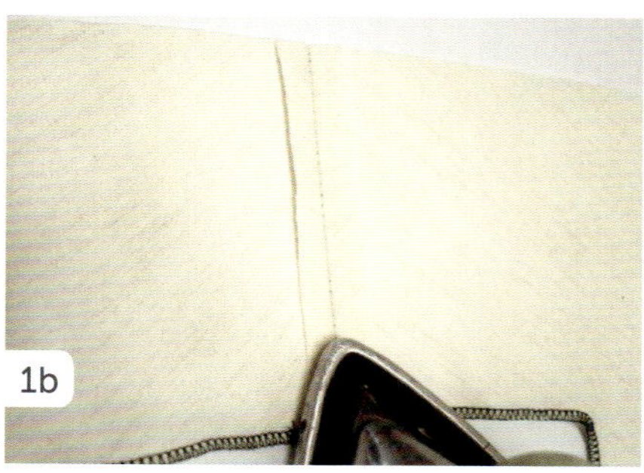
1b

3

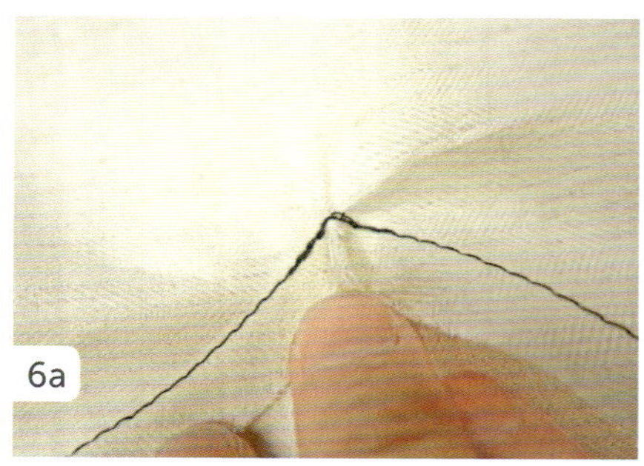
6a

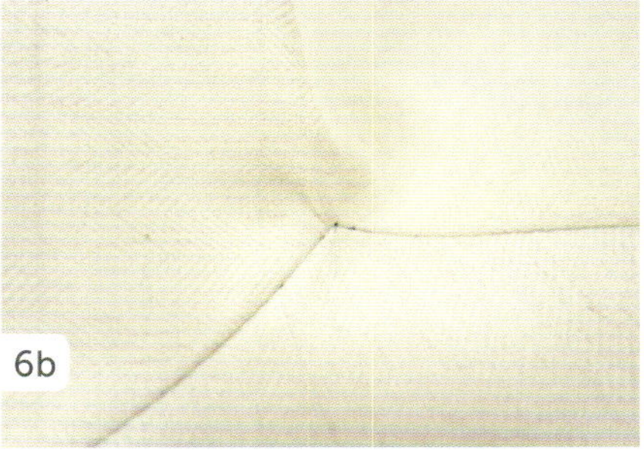
6b

6c

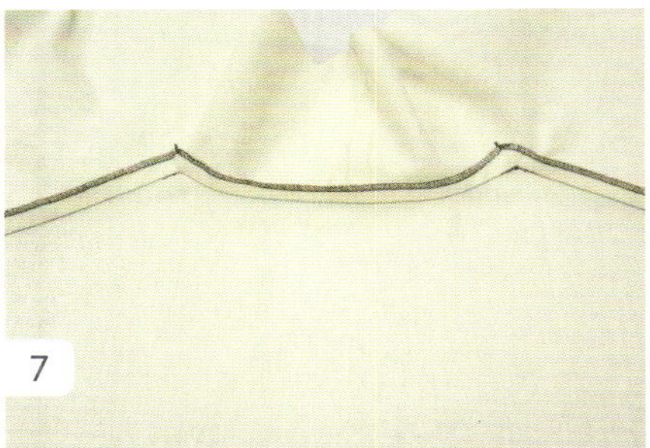
7

8a

8b

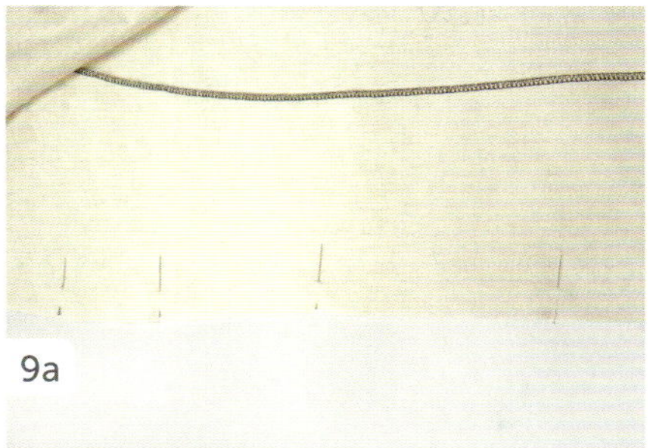
9a

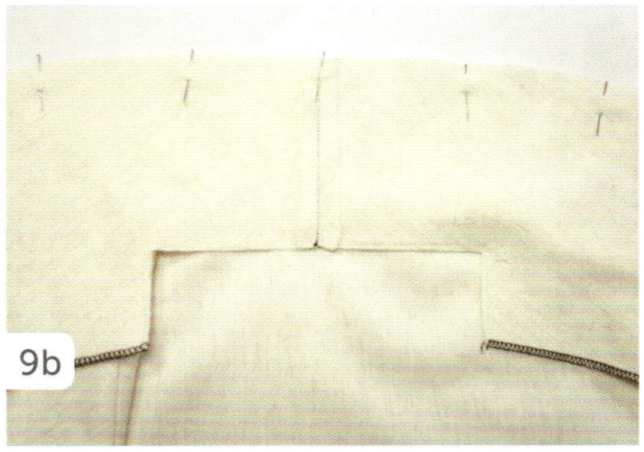
9b

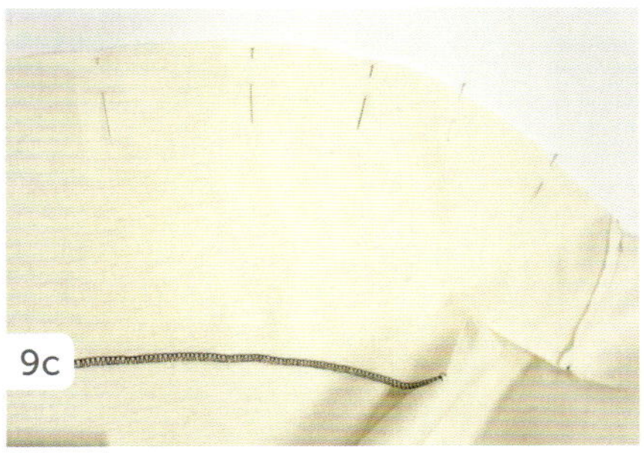
9c

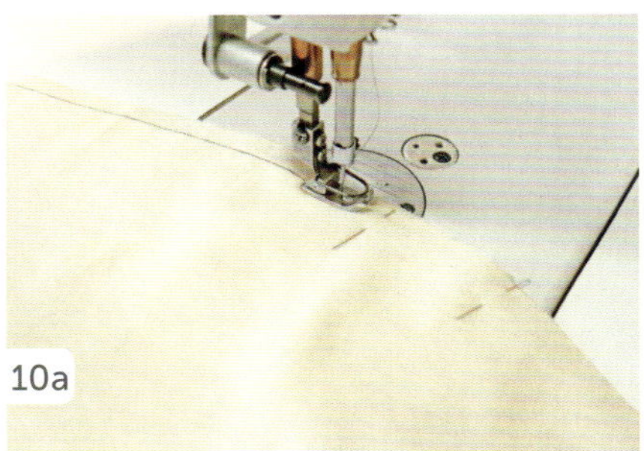
10a

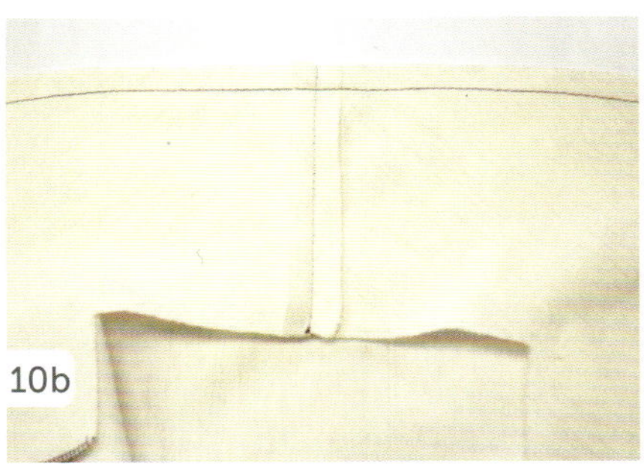
10b

11a

11b

12

13

Kräuseln

1 Rüsche vorbereiten. Schnittkanten versäubern 1a und bügeln 1b.

2 An der oberen versäuberten Schnittkante fußbreit nähen (hierbei den Stich etwas größer stellen) 2a. Danach fußbreit unterhalb der ersten Naht die zweite Naht nähen 2b.

3 Am Nahtanfang die beiden Fäden miteinander verknoten 3.

4 Am Nahtende die beiden Unterfäden gleichmäßig auf die vorgegebene Länge ziehen. Danach die Enden verknoten 4.

5 Angekräuseltes Rüschenteil rechts auf rechts auf das Vorder- bzw. Rückenteil legen und mit Stecknadeln befestigen 5.

6 Die Naht mittig der Kräuselung nähen 6.

7 Vorsichtig die Kräuselfäden entfernen, so dass nur noch die Ansatznaht bleibt 7.

8 Die Naht vom Rüschenteil bügeln. Dafür das Rüschenteil auf dem Ärmelbügelbrett nach unten lose fallen lassen und die Nahtzugabe in das Ober- bzw. Rückenteil bügeln 8.

Tipp: Stecknadeln stets quer zur Nährichtung stecken und beim Nähen erst kurz vor dem Nähfuß herausziehen.

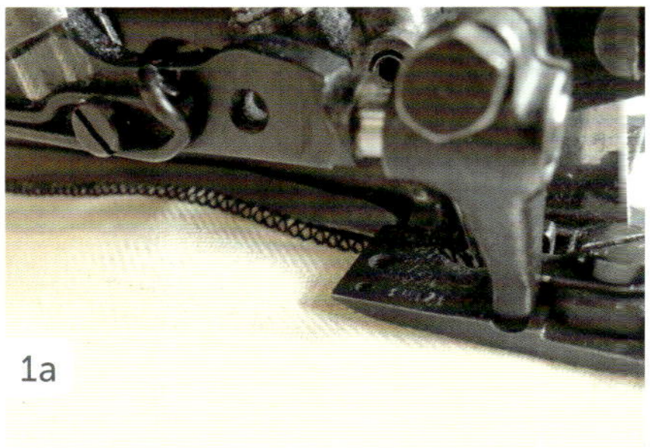
1a

1b

2a

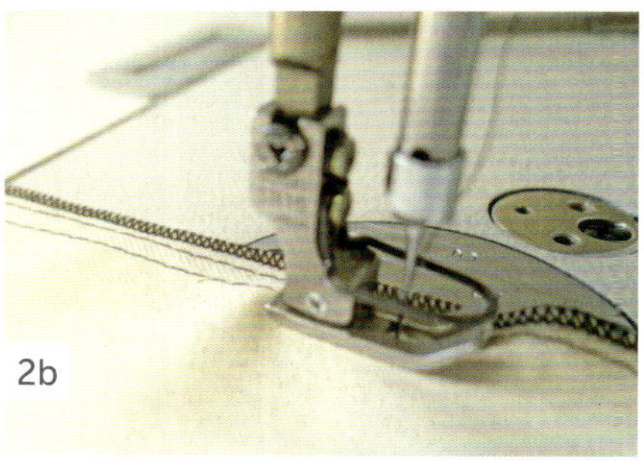
2b

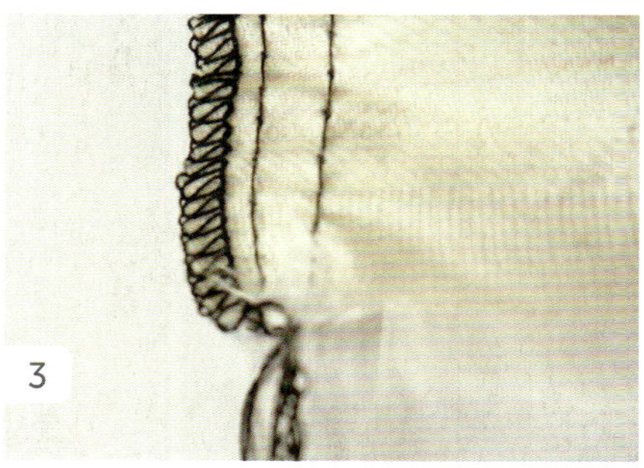
3

4

5

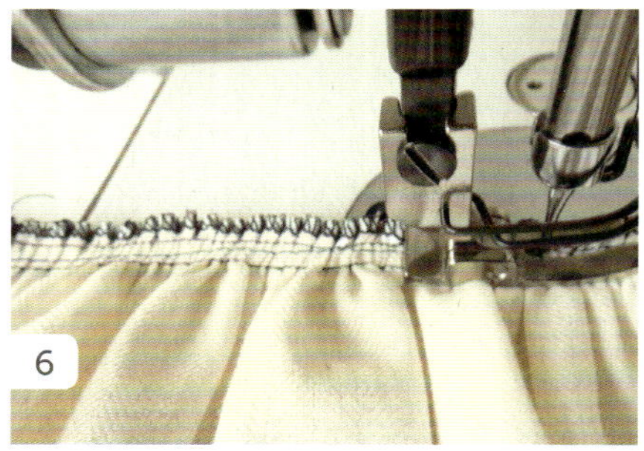
6

7

8

ARJANA

Beerenfarbener Cord-Rock mit Taillen-Volant

Größen: 36–44 • **Schwierigkeitsgrad:** • Schnittbogen D in Rot

Ein Rock zum Verlieben!
Nähen... anziehen... und viele Komplimente sammeln!

Material

- Cord in Beerenrot (100 % Baumwolle, 140 cm breit), 1,10 m
- 1 Nahtverdeckter Reißverschluss in Rot, 20 cm lang
- Spezial-Nähfuß für Nahtverdeckten-Reißverschluss
- 1 Knopf
- Farblich passendes Nähgarn

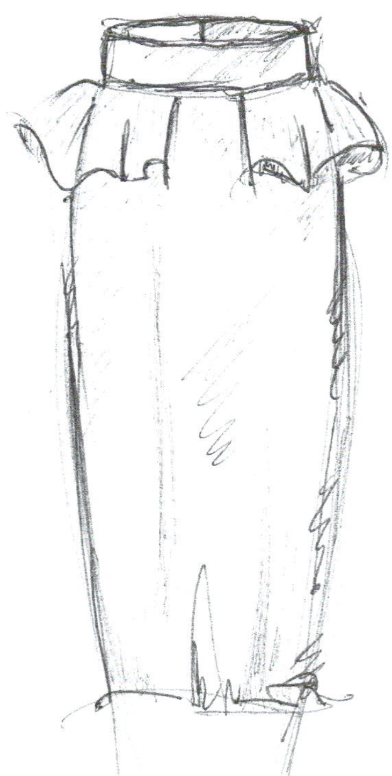

Zuschneideplan

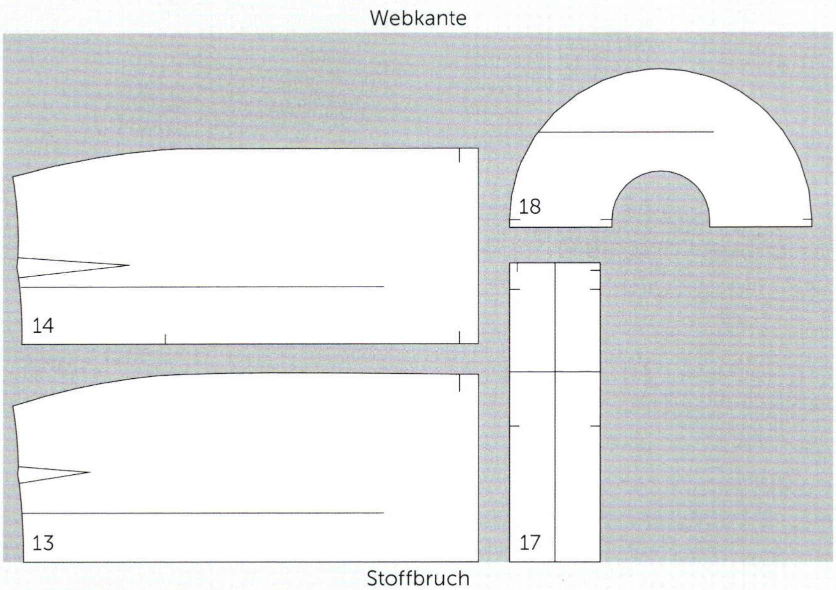

Zuschneiden

Die Schnittteile der gewünschten Größe vom Bogen auf Papier kopieren und ausschneiden.

Schnittbogen D in Rot

Größe: 36

Größe: 38

Größe: 40

Größe: 42

Größe: 44

Schnittteile

- 13 Vorderrock
- 14 Hinterrock
- 17 Bund
- 18 Taillen-Volant

Bitte beachten: Beim Zuschnitt von Cord immer darauf achten, dass in einer Strichrichtung zugeschnitten wird. Mit dem Strich zugeschnitten, nimmt der Cord einen helleren Farbton an – gegen den Strich zugeschnitten (das ist die übliche Zuschnitt-Variante) nimmt der Cord einen dunkleren Farbton an.

Stoff in den Bruch legen, sodass Webkante auf Webkante liegt. Die Schnittteile gemäß Zuschneideplan auf dem Stoff positionieren.
Als Nahtzugabe am Saum 3 cm, an den restlichen Schnittkanten 1 cm zugeben.

So wird's gemacht

1 Abnäher nähen: Vorder- und Hinterrock jeweils an den markierten Stellen rechts auf rechts legen und den Abnäher nähen. Darauf achten, dass sich der Abnäher zum Ende hin gleichmäßig verjüngt. Die Abnäherspitze entweder mit 2 Stichen verriegeln oder die Fäden etwas länger stehen lassen und verknoten. Danach die Abnäher mit einem Tuch zur vorderen bzw. hinteren Mitte bügeln.

2 Nahtverdeckten Reißverschluss in hintere Mitte einnähen: Die Schnittkanten der hinteren Mitte versäubern. Beide Hinterrockteile rechts auf rechts legen, versäuberte Schnittkanten liegen deckungsgleich aufeinander. Die Naht beginnend vom Ansatzpunkt des Reißverschlusses bis zur Saumkante bei 1 cm nähen. Am Ansatzpunkt vom Reißverschluss gut verriegeln. Die Nahtzugabe auseinanderbügeln. Mit Hilfe des Spezialfußes den Reißverschluss in die hintere Mitte einnähen (Gebrauchsanleitung zum Fuß beachten).

3 Seitennähte schließen: Vorder- und Hinterrock rechts auf rechts legen und die beiden Seitennähte bei 1 cm nähen. Nahtzugaben versäubern und mit Bügeltuch in den Hinterrock bügeln.

4 Bundvorbereitung: Die langen Kanten des Bundes 1 cm einbügeln. Den Bund an den langen Kanten rechts auf rechts legen und die kurzen Kanten verstürzen, dabei darauf achten, dass die eingebügelten Bruchkanten bündig aufeinanderliegen. Den Bund auf die rechte Seite wenden und den Nahtbruch der kurzen Kanten mit Bügeltuch scharf einbügeln.

5 Taillen-Volant: Die geraden Kanten und die äußere Kante des Volants versäubern und bei 0,7 cm nach links bügeln (Maximum, wenn möglich weniger). An der äußeren versäuberten Volantkante den Umbruch feststeppen. Taillenvolant laut Schnittmarkierung links auf rechts auf die Taillenschnittkante legen und feststecken. Die geraden Kanten des Volants jeweils senkrecht knappkantig auf den Rock steppen **5**.

6 Bund annähen: An einer langen Bundkante die Nahtzugabe wieder auffalten, den Bund mit dieser Kante rechts auf rechts an die Taillenkante des Rocks legen und feststecken. Den Bund bei 1 cm auf den Rock nähen. Die Nahtzugabe in den Bund bügeln. Den Bund zur Hälfte auf die Rockinnenseite umschlagen und die Bruchkante 1–2 mm unterhalb der sichtbaren Naht feststecken. Von rechts im Nahtschatten der Bundnaht durchsteppen, dabei die Bundkante auf der Rockinnenseite mitfassen; fortlaufend die offenen Kanten des Untertritts zusammensteppen.

7 Knopf und Knopfloch: Ein Knopfloch in die Bundseite nähen, die bündig mit der hinteren Rockmitte abschließt. An der markierten Stelle am Untertritt den Knopf annähen.

8 Rocksaum: Die untere Rockkante versäubern und 3 cm nach links bügeln. Den eingebügelten Umbruch stecken und entlang der versäuberten Kante auf den Rock steppen. Alternativ kann der Saum auch von Hand angenäht werden **8**.

5

8

BOZENA

Sportive Samt-Hose

Größen: 36–44 • **Schwierigkeitsgrad:** ✂ • Schnittbogen A in Rot

Eine Hose für viele Gelegenheiten:
Sportiv für die Freizeit, mit Blazer fürs Büro, mit Seidentop und High Heels für den Abend!

Material

- Stretch-Samt in Grau (96 % Baumwolle, 4 % Elasthan, 145 cm breit), 1,40 m
- Baumwollschrägband in Grau, 40/20 mm breit, 50 cm
- Gummiband in Schwarz, 5 cm breit, ca. 150 cm
- Farblich passendes Nähgarn

Zuschneiden

Die Schnittteile der gewünschten Größe vom Bogen auf Papier kopieren und ausschneiden. Die Vorderhose aus den Teilen 21 und 21x und die Hinterhose aus den Teilen 22 und 22y zusammensetzen.

Schnittbogen A in Rot
Größe: 36
Größe: 38
Größe: 40
Größe: 42
Größe: 44

Schnittteile
- 21 + 21x Vorderhose
- 22 + 22y Hinterhose
- 18 Taschenbeutel mit Hüftteil
- 19 Taillenbund
- 20 Saumbund

Bitte beachten: Beim Zuschnitt von Samt immer darauf achten, dass in einer Strichrichtung zugeschnitten wird. Mit dem Strich zugeschnitten glänzt der Stoff in einem helleren Ton – gegen den Strich zugeschnitten (das ist die übliche Zuschnitt-Variante) glänzt der Samt in einem dunklen satten Ton.

Stoff in den Bruch legen, so dass Webkante auf Webkante liegt. Die Schnittteile gemäß Zuschneideplan auf dem Stoff positionieren.
Als Nahtzugabe an allen Schnittkanten 1 cm zugeben.

Zuschneideplan

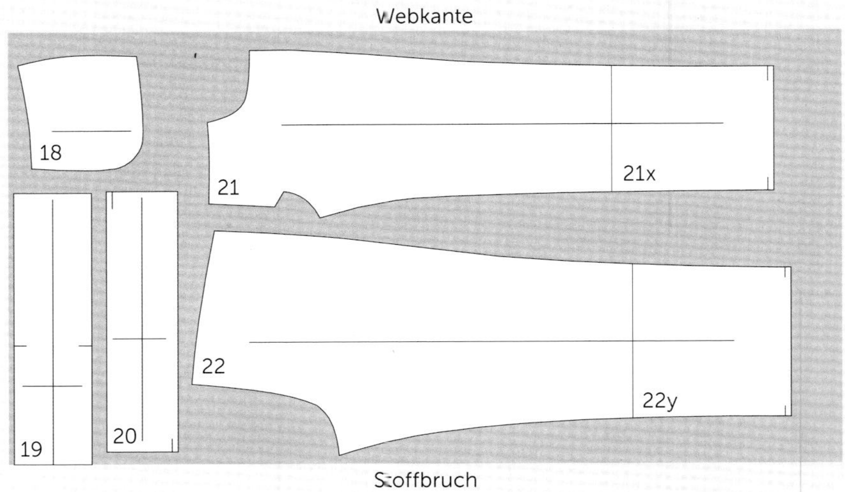

So wird's gemacht

1 Eingrifftaschen arbeiten: Die Tascheneingriffkante in der Vorderhose mit dem Schrägband verstürzen. Dafür das Schrägband an einer Seite auffalten und rechts auf rechts an die Kante legen, dann genau im Falzbruch des Schrägbandes nähen Nahtzugaben der Eingriffkante auseinanderbügeln und auf dem Schrägband die Untersteppnaht nähen. Schrägband nach links schlagen und in den Nahtbruch bügeln.
Die äußere Schrägband-Bruchkante knappkantig und füßchenbreit auf die Vorderhose steppen. Am Taschenbeutel mit Hüftteil die Schnittkanten versäubern; dann diesen rechts auf links laut Markierung unter den Tascheneingriff legen. Taschenbeutel auf der Vorderhose feststecken.
Von links den Taschenbeutel entlang der gerundeten Beutelkante knapp und füßchenbreit auf die Vorderhose steppen. Die obere und die seitliche Kante des Taschenbeutels an der Nahtzugabe auf die Vorderhose steppen. Tasche mit Bügeltuch von links bügeln.

2 Vorder- und Hinterhose zusammennähen: Vorder- und Hinterhosenteile jeweils so rechts auf rechts legen, dass die äußeren Beinkanten deckungsgleich liegen; Kanten stecken und nähen. Nahtzugaben versäubern und in die Hinterhose bügeln. Naht von rechts knapp und füßchenbreit absteppen. Naht nochmals bügeln.
Die inneren Beinkanten rechts auf rechts aufeinanderlegen; stecken und nähen. Nahtzugaben versäubern und in die Hinterhose bügeln.

3 Schrittnaht schließen: Beide Hosenbeine rechts auf rechts ineinanderlegen. Schrittkanten stecken, dabei darauf achten, dass die inneren Hosenbeinnähte deckungsgleich liegen. Die Schrittnaht, beginnend am angeschnittenen Hosenschlitzbeleg, schließen. Schrittnaht sowie jeweils die Kanten der angeschnittenen Hosenschlitzbelege versäubern. Für den dekorativen Hosenschlitz am rechten Vorderhosenteil den angeschnittenen Schlitzbeleg an der vorderen Mitte laut Markierung nach links umbügeln. Der angeschnittene Schlitzbeleg liegt nun innen auf der rechten Seite der Vorderhose. Den angeschnittenen Schlitzbeleg der linken Vorderhose ebenfalls in die rechte Vorderhose legen. Belege liegen rechts auf rechts kantenbündig aufeinander. Von rechts, 3 cm breit neben der vorderen Mitte (= Schlitzkante) den Hosenschlitz durch alle Stofflagen absteppen. Hosenschlitz bügeln.

4 Taillenbund vorbereiten: Bund einbügeln. Dafür als Bügelschablone einen Streifen aus fester Pappe in der Breite und Höhe des Bundes (ohne Nahtzugabe) zuschneiden. Bundstreifen auf das Bügelbrett (rechts unten) legen und die Pappschablone mittig darauf stecken (Nahtzugaben vom Bund sind sichtbar!) Die Nahtzugaben der langen Kanten um die Schablone herum auf die Schablone bügeln. Pappe abnehmen und den Streifen an den kurzen Kanten rechts auf rechts zum Ring zusammennähen = hintere Mitte. Nahtzugaben vorsichtig auseinanderbügeln, dann an der Naht die Nahtzugaben der langen Kanten erneut umlegen und die Bruchkanten nochmals einbügeln.

5 Taillenbund annähen: Eine Bundschnittkante (aufgeklappt) rechts auf links auf die Taillenkante der Hose legen, Schnittkanten und hintere Mitte liegen deckungsgleich aufeinander. Die gesamte Strecke feststecken. In der eingebügelten Bruchfalz den Bund rundum annähen, danach die Nahtzugaben in den Bund bügeln. Den Bund zur Hälfte auf die rechte Seite schlagen und die zweite eingebügelte Bruchkante auf die sichtbare Naht stecken. **Die eingebügelte Bundkante muss deckungsgleich mit der sichtbaren Naht abschließen!** Den Bund knappkantig an der Bruchkante aufsteppen. Dabei eine etwa 4 cm lange Öffnung für das Gummiband lassen. Gummiband auf Taillenweite plus 2 cm Nahtzugabe schneiden. Gummiband mit Hilfe einer Sicherheitsnadel in den Taillenbund einziehen. Gummibandenden 2 cm übereinanderlegen und in einem Viereck zusammennähen. Kräuselungen gleichmäßig verteilen und die Öffnung schließen. An der vorderen Mitte, der hinteren Mitte sowie an den Seitennähten jeweils senkrecht durch den Bund samt Gummiband steppen.

6 Saumbündchen arbeiten: Saumbündchen, wie beim Taillenbund beschrieben, vorbereiten und an die Hosensaumkanten nähen. Das Gummiband für den Saumtunnel auf gewünschte Fesselweite schneiden.

CHIARA

Dunkelblaues Samt-Top mit schwarzer Spitze

Größen: 36–44 • **Schwierigkeitsgrad:** ✂✂ • Schnittbogen B in Grau

Was für ein Top!
Das muss ich haben! Frech zur Jeggins – edel zur Seidenhose.
Wo ist die nächste Party?

Material

- Pannesamt in Dunkelblau (100 % Polyester, 140 cm breit), 0,60 m
- Spitze in Schwarz (100 % Polyester, 150 cm breit), 0,30 m
- Jersey in Schwarz (96 % Viskose, 4 % Elastan, 140 cm breit), ca. 15 cm
- Farblich passendes Nähgarn

Zuschneiden

Die Schnittteile der gewünschten Größe vom Bogen auf Papier kopieren und ausschneiden. Die vordere Spitzenblende aus dem Vorderteil als Extra-Schnittteil kopieren.

Schnittbogen B in Grau

Größe: 36
Größe: 38
Größe: 40
Größe: 42
Größe: 44

Zuschneideplan

Pannesamt in Dunkelblau **Spitze in Schwarz**

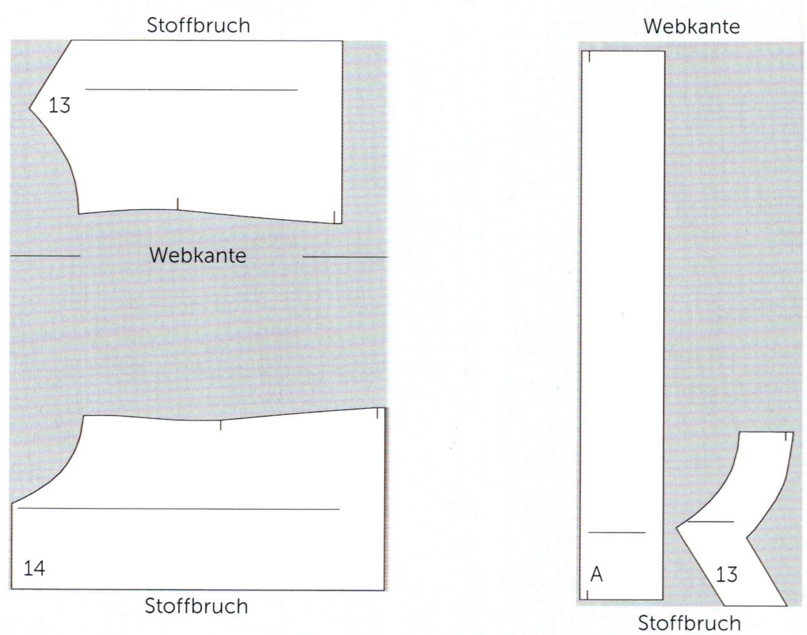

Schnittteile
- 13 Vorderteil
- 13 vordere Spitzenblende
- 14 Rückenteil

Bitte beachten: Beim Zuschnitt von Samt immer darauf achten, dass in einer Strichrichtung zugeschnitten wird. Mit dem Strich zugeschnitten glänzt der Stoff in einem sehr hellen Ton, gegen den Strich zugeschnitten (das ist die übliche Zuschnitt-Variante) glänzt der Samt in einem dunklen satten Ton.

Spitze in den Bruch legen, so dass Webkante auf Webkante liegt, Pannesamt in den Doppelbruch legen. Die Schnittteile gemäß den Zuschneideplänen auf den Stoffen positionieren.

Die untere Kante der Spitzenblende sowie die vorderen und hinteren Ausschnitt- und Armausschnittkanten im Rückenteil und in der vorderen Spitzenblende ohne Zugabe schneiden, an den restlichen Schnittkanten als Nahtzugabe 1 cm zugeben.

Nachfolgende Schnittteile sind mit Nahtzugabe angegeben.
- A vordere und hintere Saumrüsche: jeweils 75 cm lang, 11 cm breit aus Spitze.
- B Streifen für die untere Kante der Saumrüsche: Länge wie untere Kante der Saumrüsche, 3 cm breit aus schwarzem Jersey.
- C Streifen für die vordere Ausschnittkante der Spitzenblende: Länge wie vordere Ausschnittkante der Spitzenblende, 3 cm breit aus schwarzem Jersey.
- D Streifen für die hintere Ausschnittkante der Spitzenblende: Länge wie hintere Ausschnittkante der Spitzenblende, 3 cm breit aus schwarzem Jersey.
- E Streifen für die Armausschnittkante plus Träger: Länge wie vordere und hintere Armausschnittkante plus ca. 17 cm (Trägerlänge testen), 3 cm breit aus schwarzem Jersey.

So wird's gemacht

Wichtig! Jerseymaterialien immer mit einem elastischen Stich verarbeiten, damit sich die Naht gleichmäßig mit dem Stoff dehnen kann und nicht reißt.

1 Spitzeneinsatz arbeiten: Die vordere Spitzenblende links auf rechts auf die obere Kante des Vorderteils legen. Die Schnittkanten vom Ober- und Spitzenteil liegen 1 cm übereinander. Mit einem dichten Zickzackstich die Spitzenkante auf das Vorderteil nähen. Die überstehende Nahtzugabe zurückschneiden **1**.

2 Seitennähte schließen: Vorder- und Rückenteil so rechts auf rechts legen, dass die Seitenkanten deckungsgleich liegen, Kanten stecken und die Naht bei 1 cm nähen. Nahtzugaben versäubern und in das Rückenteil bügeln.

3 Saumrüsche aus Spitze: Die Seitennähte der Saumrüsche rechts auf rechts bei 1 cm nähen. Nahtzugaben versäubern und nach hinten bügeln. Untere Schnittkante der Saumrüsche einfassen. Den Streifen für die untere Kante der Saumrüsche rechts auf rechts auf die Saumschnittkante legen, feststecken und füßchenbreit annähen. Danach den Streifen um die Nahtzugabe herum auf die linke Seite wenden und feststecken. Von rechts den Streifen knapp neben der Naht feststeppen. Von links die Nahtzugabe auf 2 mm zurückschneiden **3**.

4 Kräuseln: Die obere Schnittkante der Saumrüsche auf die Weite des Topsaumes einkräuseln (siehe Seite 14).

5 Saumrüsche mit Oberteil verbinden: Die Saumrüsche mit der gekräuselten Kante rechts auf rechts auf die Saumkante des Tops legen – die Seitennähten liegen deckungsgleich – und feststecken. Auf der Saumrüsche mittig zwischen den Kräuselfäden nähen, sodass noch korrigiert werden kann, sofern sich die Kräuselung etwas verschiebt! Nahtzugabe versäubern und die Kräuselfäden entfernen. Nahtzugabe in das Top bügeln 5.

6 Vorderer Ausschnitt: Den vorderen Ausschnitt-Streifen rechts auf rechts an die vordere Ausschnittkante legen, stecken und füßchenbreit festnähen. Danach den Streifen um die Nahtzugabe herum auf die linke Seite wenden und feststecken. Von rechts den Streifen knapp neben der Naht feststeppen. Von links die Nahtzugabe auf 2 mm zurückschneiden. Vordere Mitte rechts auf rechts in den Bruch legen und einen kleinen Abnäher nur in dem Einfass-Streifen nähen 6.

7 Hinterer Ausschnitt: Die hintere Ausschnittkante mit dem Streifen für die hintere Ausschnittkante wie den vorderen Ausschnitt nähen 7.

8 Armausschnitt und Träger: Den Streifen für die Armausschnittkante an den kurzen Kanten rechts auf rechts legen und bei 1 cm zum Ring schließen. Nahtzugaben auseinanderbügeln. Streifen mit einer Schnittkante rechts auf rechts auf das Armloch legen – Seitennaht und Naht im Streifen liegen exakt aufeinander – und den Streifen füßchenbreit annähen. Den Streifen um die Nahtzugabe herum auf die linke Seite wenden und feststecken. Von rechts den gesamten Armlochstreifen knapp feststeppen, außerdem fortlaufend den restlichen Ring für den Träger einfalten und absteppen. Die Nahtzugaben auf 1 mm zurückschneiden 8.

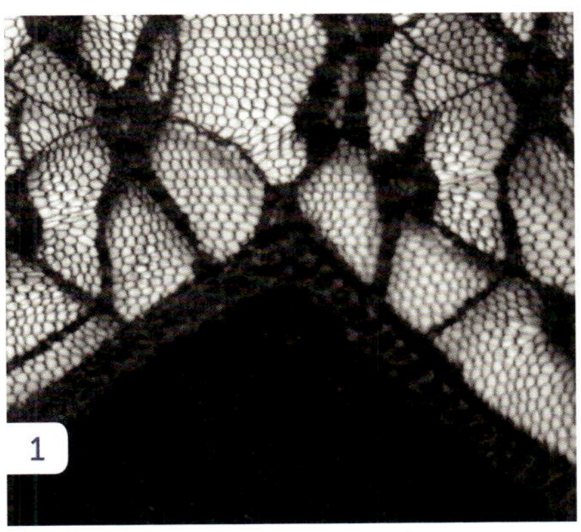
1

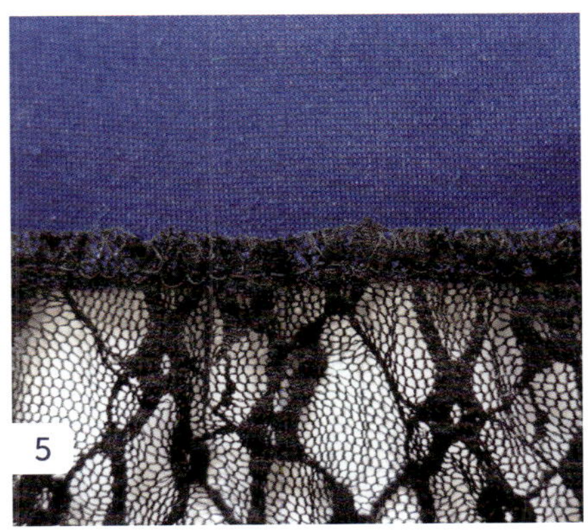
5

7

3

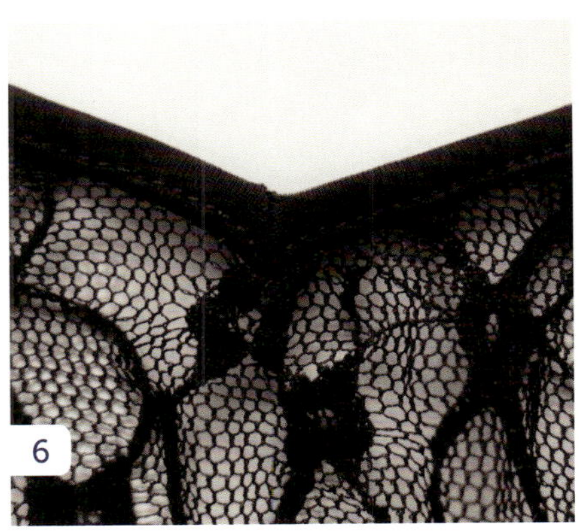
6

8

DAFINA

College-Jacke aus rosafarbenem Cord

Größen: 36–44 • **Schwierigkeitsgrad:** • Schnittbogen C in Schwarz

Eine College-Jacke ist sportlich und feminin zugleich sowie vielseitig kombinierbar. Ein Must-have im Kleiderschrank!

Material

- Breitcord in Rosa (100 % Baumwolle, 140 cm breit), 1,40 m
- Futtertaft in Rosa, 45 x 25 cm
- Baumwollschrägband in Rosa, 40/20 mm breit, 1,50 m
- 1 Zwei-Wege-Reißverschluss in Weiß, 47 - 48 - 48 - 49 - 50 cm
- Gummiband in Weiß, 5 cm breit, 1,50 m
- Farblich passendes Nähgarn

Zuschneiden

Die Schnittteile der gewünschten Größe vom Bogen auf Papier kopieren und ausschneiden. Den Futtertaschenbeutel aus dem Taschenbeutel als Extra-Schnittteil kopieren.

Schnittbogen C in Schwarz

Größe: 36 - — — — — -
Größe: 38 ‹ × × × × × × × × × × ›
Größe: 40 ------------
Größe: 42 ∘∘∘∘∘∘∘∘∘∘∘∘∘∘∘
Größe: 44 ————————

Schnittteile

- 19 Vorderteil
- 20 Rückenteil
- 11 Ärmel
- 12 Taschenleiste
- 13 Taschenbeutel
- 13 Futtertaschenbeutel
- 14 Kragen
- 15 Saumbund

Bitte beachten: Beim Zuschnitt von Cord immer darauf achten, dass in einer Strichrichtung zugeschnitten wird. Mit dem Strich zugeschnitten nimmt der Cord einen helleren Farbton an, gegen den Strich zugeschnitten (das ist die übliche Zuschnitt-Variante) nimmt der Cord einen dunkleren Farbton an.

Den Stoff in den Bruch legen, so dass Webkante auf Webkante liegt. Die Schnittteile gemäß Zuschneideplan auf dem Stoff positionieren. Als Nahtzugabe am Ärmelsaum 6 cm, an den restlichen Schnittkanten 1 cm zugeben.

- 13 Futtertaschenbeutel 1x und 1x seitenverkehrt aus Futter schneiden

Zuschneideplan

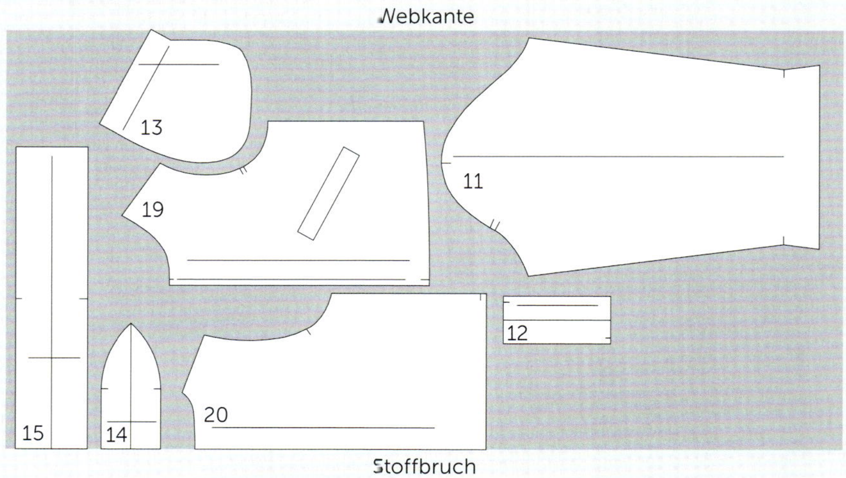

So wird's gemacht

1 Leistentasche arbeiten: Leiste links auf links legen und den Bruch bügeln. Leiste mit den langen Schnittkanten auf die untere Taschenmarkierung im Vorderteil legen, feststecken und bei 1 cm die Naht nähen. Den Taschenbeutel rechts auf rechts an die obere Taschenmarkierung legen, stecken und nähen. Den Futtertaschenbeutel rechts auf rechts an die Leiste nähen. Nahtzugaben versäubern. Danach mittig der Markierung einschneiden und zu den Ecken hin, bis knapp vor die Naht, schräg einschneiden. Die Taschenbeutel nach innen wenden, das Dreieck am schrägen Einschnitt (= Zunge) nach innen schlagen, die Leiste auf der rechten Seite des Vorderteils hochlegen. Die Taschenbeutel rechts auf rechts zusammennähen, dabei die Zungen auf die Nahtzugabe steppen. Taschenbeutel versäubern 1.

2 Schulter- und Seitennähte: Die Vorderteile rechts auf rechts auf das Rückenteil legen, Schulter- und Seitenkanten liegen deckungsgleich, die Nähte bei 1 cm nähen. Nahtzugaben versäubern und ins Rückenteil bügeln.

3 Stehkragen: Den Kragen links auf links in den Bruch legen und die Schnittkanten zusammennähen. Kragen laut Passzeichen rechts auf rechts

an den Halsausschnitt stecken. Obenauf die Kragenschnittkanten eine Schnittkante des (aufgeklappten) Schrägbandes legen und dieses ebenfalls feststecken – das Schrägband am Anfang und Ende des Halsausschnittes jeweils 1 cm überstehen lassen. In dem gefalzten Bruch die Lagen zusammennähen. Seitlich überstehende Schrägbandkanten auf 3 mm zurückschneiden und nach innen einfalten. Das Schrägband eingeklappt um die Nahtzugabe herum legen und feststecken. Schrägband im Nahtschatten absteppen und entlang der Bruchkante knappkantig auf die Jacke nähen 3.

4 Ärmel und Ärmelsaum: Ärmel an den Längsschnittkanten jeweils rechts auf rechts deckungsgleich aufeinanderlegen, Naht bei 1 cm nähen. Nahtzugaben versäubern und nach hinten bügeln. Ärmelsaumkanten versäubern und 6 cm nach links bügeln. Den Ärmelsaum an der versäuberten Kante knappkantig auf den Ärmel steppen, dabei eine Öffnung von ca. 3–4 cm lassen. Das Gummiband auf den gewünschten Handgelenkumfang + 2 cm schneiden und mit einer Sicherheitsnadel in den Ärmelsaumtunnel ziehen. Gummibandenden 2 cm übereinanderlegen und in einem Viereck zusammennähen. Öffnung im Ärmelsaum schließen 4.

5 Ärmel einnähen: Beim Einsetzen der Ärmel in das Armloch immer darauf achten, dass der rechte Ärmel in das rechte Armloch und der linke Ärmel in das linke Armloch genäht wird! Die Ärmelnaht liegt rechts auf rechts exakt auf der Seitennaht im Oberteil. Ärmelrundung laut Passzeichen kantenbündig in das Armloch stecken und nähen. Nahtzugaben versäubern.

6 Saumbund: Die Schnittkanten vom Saumbund versäubern. Danach den Saumbund links auf links in den Bruch bügeln, so dass die Schnittkanten deckungsgleich aufeinanderliegen. Eine Schnittkante vom Bund rechts auf rechts auf die Saumkante legen und feststecken. Die Strecke nähen und die Nahtzugabe in den Bund bügeln. Die andere versäuberte Schnittkante vom Bund links auf links auf die Nahtzugaben von Bund und Saum legen. Die Nahtzugabe dieser Bundkante steht 1 cm über der bereits genähten Bundnaht. Die Strecke feststecken, und von rechts im Nahtschatten nähen. Das Gummiband auf die gewünschte Weite schneiden und in den Saumtunnel ziehen. Gummibandenden an der vorderen Mitte vertikal festnähen.

7 Reißverschluss in der vorderen Mitte sichtbar einnähen: Siehe Seite 10, hier mit Schrägband arbeiten. An der oberen und unteren Schmalkante des Schrägbandes die Nahtzugabe nach links einschlagen; das Schrägband nach links auf das Vorderteil bügeln. Schrägband entlang der Falzkante sowie an der oberen und unteren Schmalkante knappkantig aufsteppen 7a + 7b.

3

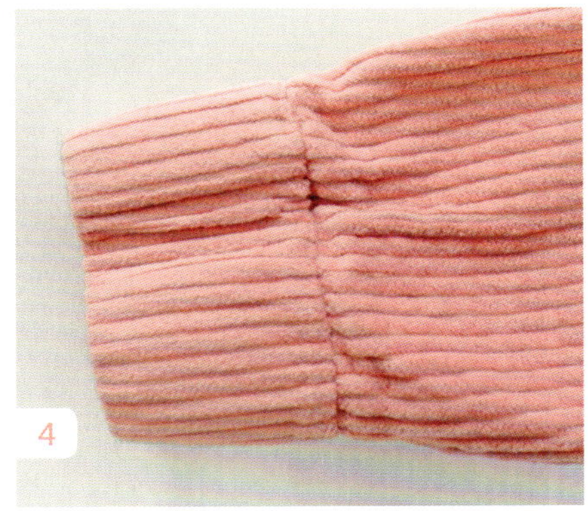
4

7a

7b

ELEYNA

Sportiver Wickelrock aus Breitcord

Größen: 36–44 • **Schwierigkeitsgrad:** ✂ • Schnittbogen A in Grau

So simpel in der Verarbeitung und dafür so eine tolle Wirkung!
Der Wickelrock aus rostbraunem Breitcord ist doch ein wirklicher Hingucker!

Material

- Breitcord in Rostbraun (100 % Baumwolle, 140 cm breit), 0,80 - 0,80 - 0,80 - 0,80 - 1,10 m
- Baumwollschrägband in Rostbraun, 40/20 mm breit, 450 cm
- 2 Druckknöpfe
- Farblich passendes Nähgarn

Zuschneiden

Die Schnittteile der gewünschten Größe vom Bogen auf Papier kopieren und ausschneiden.

Schnittbogen A in Grau

Größe: 36 ‹✶✶✶✶✶✶✶✶✶✶✶›

Größe: 38 - - - - - - - - - - -

Größe: 40 ˎˎˎˎˎˎˎˎˎˎˎˎˎˎˎˎˎˎˎˎ

Größe: 42 - - — - — - — - — - — -

Größe: 44 ————————

Schnittteile

- 7 Vorderrock
- 8 Hinterrock
- 9 Taschenbeutel

Bitte beachten: Beim Zuschnitt von Cord immer darauf achten, dass in einer Strichrichtung zugeschnitten wird. Mit dem Strich zugeschnitten nimmt der Cord einen helleren Farbton an, gegen den Strich zugeschnitten (das ist die übliche Zuschnitt-Variante) nimmt der Cord einen dunkleren Farbton an.

Den Stoff in den Bruch legen, so dass Webkante auf Webkante liegt. Die Schnittteile gemäß Zuschneideplan auf dem Stoff positionieren.
Als Nahtzugabe an allen Schnittkanten 1 cm zugeben.

Zuschneideplan

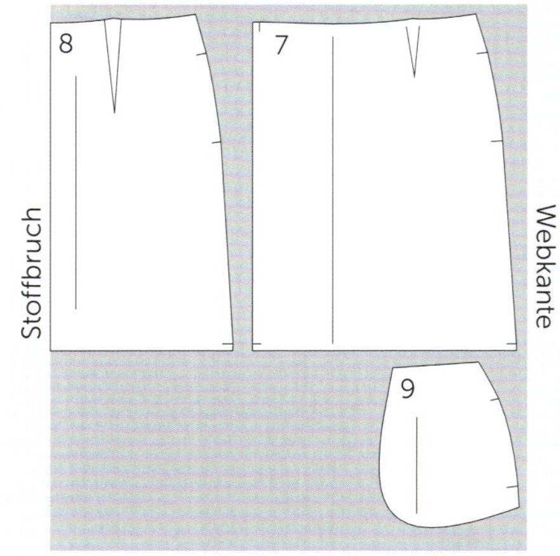

So wird's gemacht

1 Abnäher nähen: Vorder- und Hinterrock jeweils an den markierten Stellen rechts auf rechts legen und den Abnäher nähen. Darauf achten, dass sich der Abnäher zum Ende hin gleichmäßig verjüngt. Die Abnäherspitze entweder mit 2 Stichen verriegeln oder die Fäden etwas länger stehen lassen und verknoten. Danach die Abnäher mit einem Tuch zur vorderen bzw. hinteren Mitte bügeln 1.

2 Seitennahttaschen: Den Tascheneingriff im Vorderrock mit dem Schrägband verstürzen. Dafür das Schrägband an einer Seite auffalten und rechts auf rechts auf die Markierung für den Tascheneingriff legen (Band steht an den Markierungen oben und unten in Nahtzugabenbreite über), genau im Falzbruch das Schrägband annähen. Anfang und Ende der Naht gut verriegeln. Danach die seitlichen Nahtzugaben genau am Nahtanfang und -ende bis knapp vor die Naht quer einschneiden. Nahtzugaben der Eingriffkante auseinanderbügeln und auf dem Schrägband die Untersteppnaht nähen. Schrägband nach links schlagen und in den Nahtbruch bügeln. Schrägband-Bruchkante knappkantig auf den Vorderrock steppen 2. Taschenbeutel versäubern und rechts auf links unter den Tascheneingriff legen. Die seitliche Nahtzugabe vom Taschenbeutel liegt in einer Linie mit der Seitennaht des Vorderrocks. Taschenbeutel auf dem Vorderrock feststecken. Von links den Taschenbeutel an der runden Beutelkante knapp und füßchenbreit auf den Vorderrock steppen. Taschen mit Bügeltuch von links bügeln.

3 Seitennähte schließen: Vorder- und Hinterrock rechts auf rechts legen und die Seitennähte bei 1 cm nähen. Nahtzugaben versäubern und mit einem Tuch in den Hinterrock bügeln. Seitennähte von rechts knapp und füßchenbreit absteppen, nochmals bügeln.

4 Vordere Kanten: Das Schrägband, aufgeklappt, rechts auf rechts kantenbündig auf die vordere Schnittkante des Vorderrockteils legen und feststecken. Genau im Falzbruch das Schrägband annähen. Die Nähte mit Bügeltuch auseinanderbügeln, auf dem Schrägband die Untersteppnaht nähen, danach in den Nahtbruch bügeln. Das Band nach innen legen, feststecken und entlang der Schrägband-Bruchkante knappkantig auf den Rock steppen 4.

5 Taillenverarbeitung und Rocksaum: Schrägband, an einer Seite aufgeklappt, jeweils rechts auf rechts auf die Taillen- bzw. Saumschnittkante legen und feststecken. (Band steht stets am Anfang und Ende der Kante in Nahtzugabenbreite über). In dem gefalzten Bruch die Naht nähen. Die Nahtzugaben auseinanderbügeln. Auf dem Schrägband die Untersteppnaht nähen, danach das Band nach links schlagen und in den Nahtbruch bügeln. Seitliche Band-Nahtzugaben einfalten; Band feststecken und entlang der Schrägband-Bruchkante knappkantig und füßchenbreit auf den Rock steppen 5.

6 Druckknöpfe: Druckknöpfe laut Schnittmarkierungen von Hand annähen 6.

2

4

5

6

FLURINA

Latz-Rock aus dunkelblauem Cord

Größen: 36–44 • **Schwierigkeitsgrad:** ✂✂✂ • Schnittbogen C in Rot

Frech... Lässig... Selbstverständlich... Besonders...
Mädchenhaft... Jugendlich... Unkompliziert... Begehrenswert...
Alles in einem Latzrock! Was will man mehr?

Material

- Cord in Dunkelblau (100 % Baumwolle, 140 cm breit), 1,20 - 1,20 - 1,40 - 1,40 - 1,40 m
- Lederimitat in Goldfarben (70 % Baumwolle, 30 % Polyurethan, 140 cm breit), 0,30 m
- Futterrest in Dunkelblau, 25 x 6 cm
- Gewebeeinlage in Schwarz, 25 x 6 cm
- 16 Ösen, goldfarben, 11 mm
- 1 Reißverschluss in Dunkelblau, 18 cm lang
- Farblich passendes Nähgarn
- Kontrastierendes Nähgarn wie hier z. B. Gold-Gelb

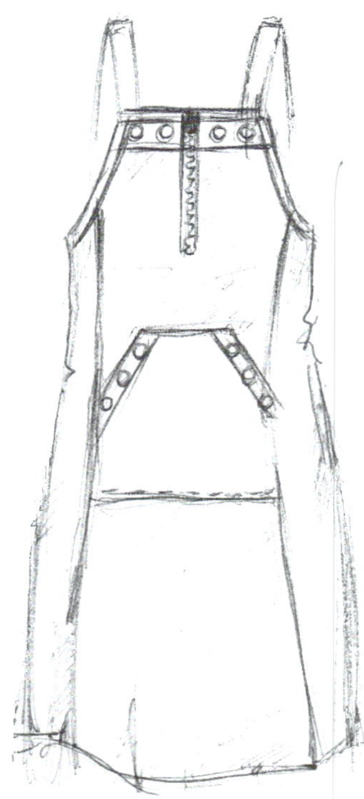

Zuschneiden

Die Schnittteile der gewünschten Größe vom Bogen auf Papier kopieren und ausschneiden.
Bitte beachten: Den Tascheneingriff-Beleg aus der Tasche als Extra-Schnittteil kopieren.

Schnittbogen C in Rot

Größe: 36 - - - - - - - - - - -
Größe: 38 \\\\\\\\\\\\\\\\\\\\
Größe: 40 - —— —— —— —— -
Größe: 42 ✳✳✳✳✳✳✳✳✳✳
Größe: 44 ————————

Schnittteile

- 5 Vorderteil
- 6 seitliches Vorderteil
- 9 Rückenteil
- 10 seitliches Rückenteil
- 23 vorderer Ausschnittbeleg
- 24 hinterer Ausschnittbeleg
- 26 Tasche
- 26 Tascheneingriff-Beleg

Bitte beachten: Beim Zuschnitt von Cord immer darauf achten, dass in einer Strichrichtung zugeschnitten wird. Mit dem Strich zugeschnitten nimmt der Cord einen helleren Farbton an, gegen den Strich zugeschnitten (das ist die übliche Zuschnitt-Variante) nimmt der Cord einen dunkleren Farbton an.

Zuschneideplan

Cord

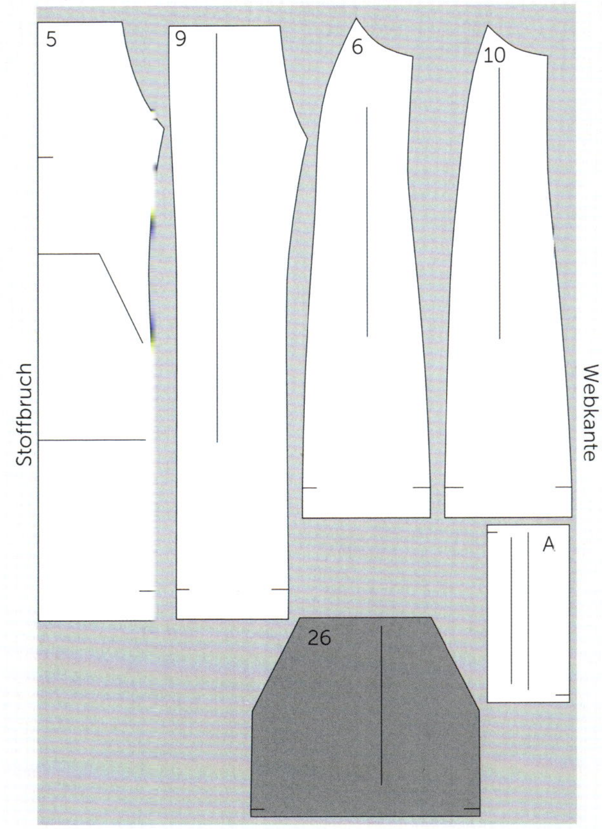

Lederimitat

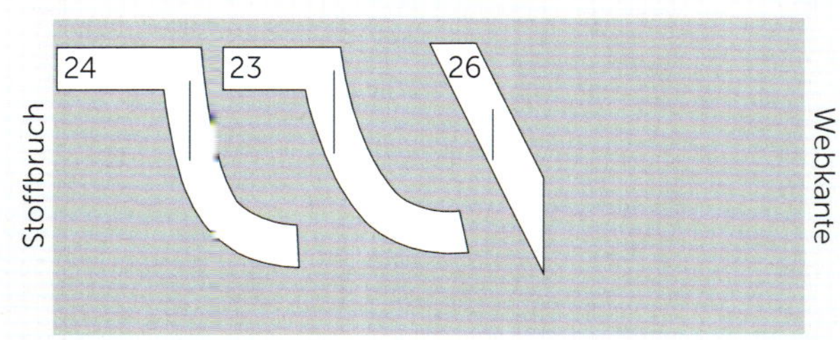

Den Stoff jeweils in den Bruch legen, so dass Webkante auf Webkante liegt. Die Schnittteile gemäß Zuschneideplan auf dem Stoff positionieren.
Als Nahtzugabe am Saum 4 cm, an den restlichen Schnittkanten 1 cm zugeben.

Nachfolgendes Schnittteil ist mit Nahtzugabe angegeben.

- A Träger: 24 cm lang, 11 cm breit.

So wird's gemacht

Das farblich passende Nähgarn wurde hier zum Zusammennähen der Schnittteile benutzt. Das kontrastierende Nähgarn für alle Steppnähte.

1 **Reißverschlussfenster:** Die Einlage auf den Futterrest bügeln und einen 20 cm langen und 4 cm breiten Streifen für das Reißverschluss-Fenster im Vorderteil schneiden. Den Futterstreifen rechts auf rechts in den Bruch legen, sodass die Schnittkanten deckungsgleich liegen und den Bruch einbügeln.
Am Vorderteil die vordere Mitte bis zum Markierungspunkt einschneiden. Den Futterstreifen danach rechts auf links, aufgeklappt auf die vorderen Schlitzkanten legen und mit Stecknadeln befestigen. Das Vorderteil auf die rechte Seite wenden. Der eingebügelte Bruch vom Futterstreifen liegt in einer Linie mit dem eingeschnittenen Schlitz. Von rechts, an der linken Seite beginnend, der Schlitzkante entlang bei 0,7 cm bis 1 cm unterhalb des Schlitzes nähen, danach im 90°-Winkel die Naht zur rechten Seite und dann wieder bei 0,7 cm der zweiten Schlitzkante entlang nach oben nähen. Futter parallel zu den Schlitzkanten einschneiden und am Schlitzende im 45°-Winkel (schräg) zu den Ecken einschneiden. **(bis kurz VOR die genähte Naht, nicht die Naht anschneiden!)** Den Futterstreifen nach rechts wenden und die verstürzten Kanten in den Nahtbruch bügeln (Bügeltuch verwenden).

2 **Reißverschluss:** Den Reißverschluss mittig links auf rechts auf das Fenster legen und feststecken. Das Vorderteil auf die linke Seite wenden, knappkantig an den verstürzten langen Fenster-Kanten steppen und so den Reißverschluss fixieren. Teil wieder auf die rechte Seite wenden und die Nahtzugabe des Futters auf 3 mm zurückschneiden. Danach das Reißverschluss-Band an der äußeren Kante mit Kontrastgarn auf das Vorderteil steppen, dabei das Band des unteren Reißverschluss-Endes zur Hälfte nach links schlagen **2**.

3 **Aufgesetzte Tasche:** Zuerst die Ösen an den Markierungspunkten des Tascheneingriffs laut Packungsbeilage einschlagen. Den Tascheneingriff-Beleg links auf rechts auf den Tascheneingriff legen, feststecken und die Eingriffkante nähen. Hier den Reißverschluss-Fuß verwenden, damit knapp neben den Ösen genäht werden kann. Nahtzugaben auseinanderbügeln, den Beleg nach innen legen und den Nahtbruch mit Bügeltuch einbügeln. Nahtbruch von rechts knappkantig steppen.
Von links die offene Belegschnittkante knappkantig auf die Tasche steppen. Obere und untere Taschenkante versäubern und je 1 cm nach links bügeln. Die Tasche links auf rechts laut Schnittmarkierung auf das Vorderteil legen – die seitlichen Taschenkanten liegen deckungsgleich mit den seitlichen Kanten des Vorderteils. Obere und untere Taschenkante feststecken, und knapp und füßchenbreit aufsteppen **3**.

Tipp: Bei einer verstürzten Naht, die in den Nahtbruch gebügelt werden soll, ist zu empfehlen, zuerst die Nahtzugabe auseinander zu bügeln und danach in den Nahtbruch.

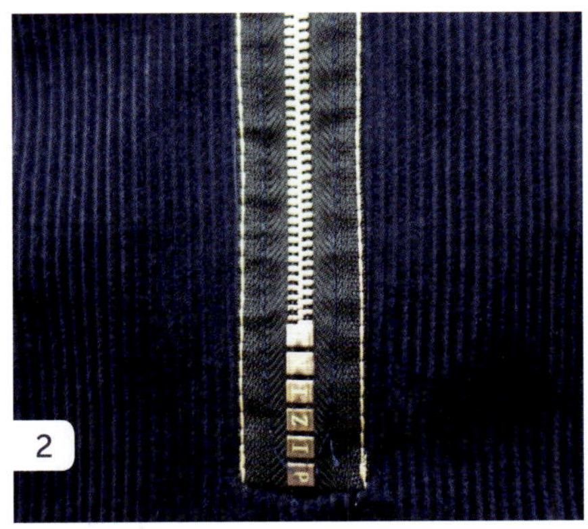

2

3

4 Teilungsnähte schließen: Die Rückenteile rechts auf rechts legen, die Schnittkanten der hinteren Mitte liegen deckungsgleich, Kanten stecken und die hintere Mitte bei 1 cm schließen. Nahtzugabe versäubern, zu einer Seite bügeln und von rechts knapp und füßchenbreit absteppen. Die seitlichen Vorder- und Rückenteile jeweils rechts auf rechts auf die seitlichen Kanten von Vorder- und Rückenteil legen, stecken und die Teilungsnähte bei 1 cm nähen. Nahtzugaben versäubern, jeweils zur vorderen bzw. hinteren Mitte bügeln und alle Nähte von rechts knapp und füßchenbreit absteppen.

5 Seitennähte schließen: Vorder- und Rückenteil rechts auf rechts legen, die Seitenkanten liegen deckungsgleich, Kanten stecken und die Seitennähte bei 1 cm nähen. Nahtzugaben versäubern, ins Rückenteil bügeln und von rechts knapp und füßchenbreit steppen.

6 Saum: Die Saumschnittkante versäubern; 1 cm nach links bügeln und dann nochmals 3 cm nach links bügeln. Den Umbruch von rechts an der inneren Umbruchkante knappkantig auf den Rock steppen 6.

7 Träger: Beide Träger jeweils rechts auf rechts in den Bruch legen, sodass die Schnittkanten aufeinandertreffen. Die Nähte schließen und versäubern. Mit Hilfe einer Sicherheitsnadel die Träger auf rechts wenden und in den Nahtbruch bügeln. Die langen Trägerkanten knapp absteppen. Träger jeweils mit einer kurzen Kante rechts auf rechts laut Schnittmarkierung auf das Vorder- bzw. Rückenteil legen und feststecken. Träger liegen im Vorder- bzw. Rückenteil nach unten. Bei 1 cm die Träger festnähen.

8 Vorderer und hinterer Ausschnittbeleg: Die Ösen an den Markierungspunkten der oberen Latzkanten von Vorder- und Rückenteil laut Packungsbeilage einschlagen 8a. Die seitlichen Schnittkanten des vorderen Belegs links auf links auf die seitlichen Schnittkanten des hinteren Belegs legen und die Seitennähte bei 1 cm nähen. Die Nahtzugaben auseinanderbügeln. Den vorderen und hinteren Ausschnittbeleg rechts auf rechts auf die Ausschnittkanten von Vorder- und Rückenteil legen, und mit Stecknadeln befestigen. Zuerst die obere Latzkante im Vorder- und Rückenteil nähen, dafür wieder den Reißverschluss-Fuß benutzen, dann den restlichen Beleg annähen. Den Beleg nach links schlagen und mit Bügeltuch die verstürzte Naht in den Nahtbruch bügeln. Die offene Belegschnittkante auf dem Vorder- und Rückenteil feststecken. An der Schnittkante den Beleg knapp aufsteppen 8b + 8c.

6

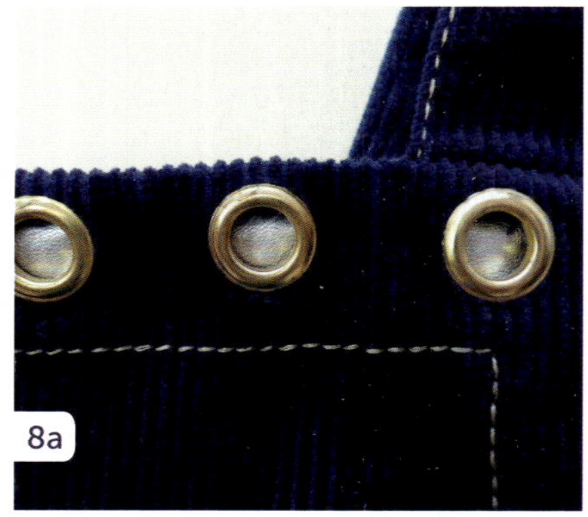
8a

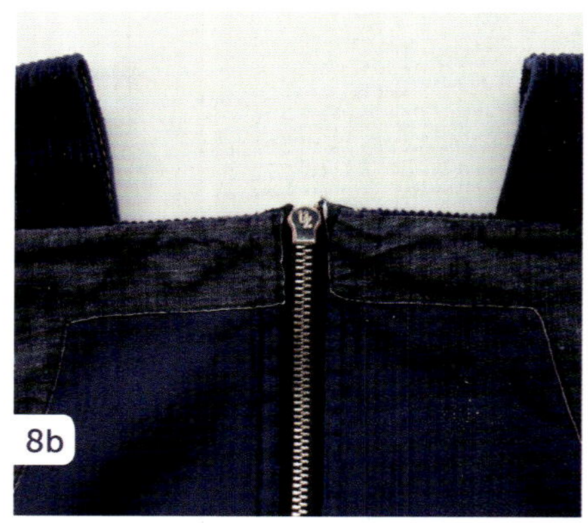
8b

8c

GIULIA

Reversjacke mit Schößchen in Pink

Größen: 36–44 • **Schwierigkeitsgrad:** ✂✂ • Schnittbogen B in Rot

Was für eine Farbe!
Diese Schößchenjacke aus pinkfarbenem Pannesamt ist ein echter Eyecatcher.

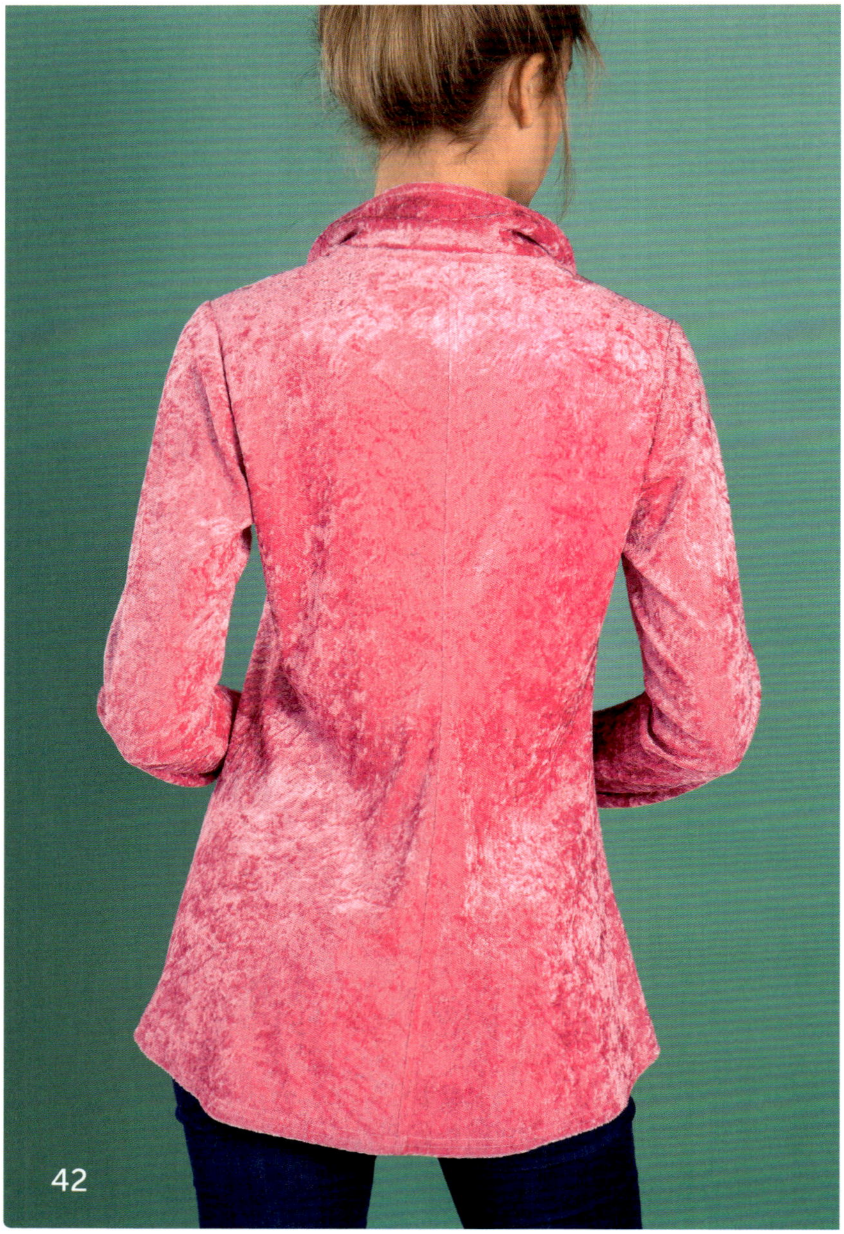

Material

- Pannesamt in Pink (100 % Polyester, 140 cm breit), 1,50 m
- Baumwollschrägband in Rosa, 40/20 mm breit, 50 cm lang
- Formband in Weiß, 1 cm breit, 150 cm
- 4 Knöpfe
- Farblich passendes Nähgarn

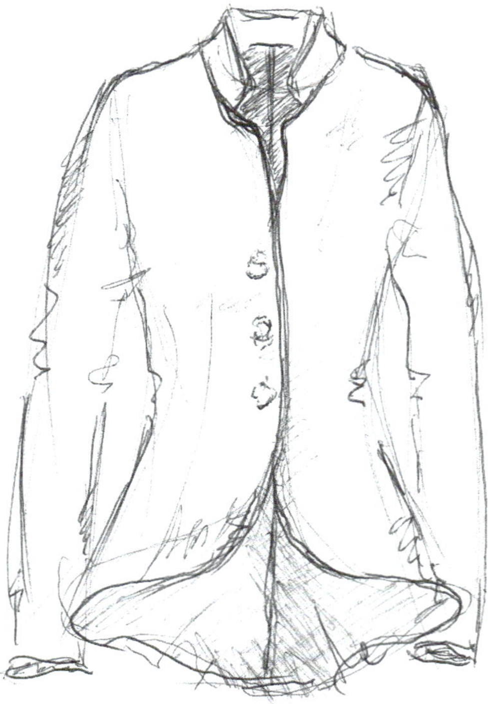

Zuschneideplan

Webkante

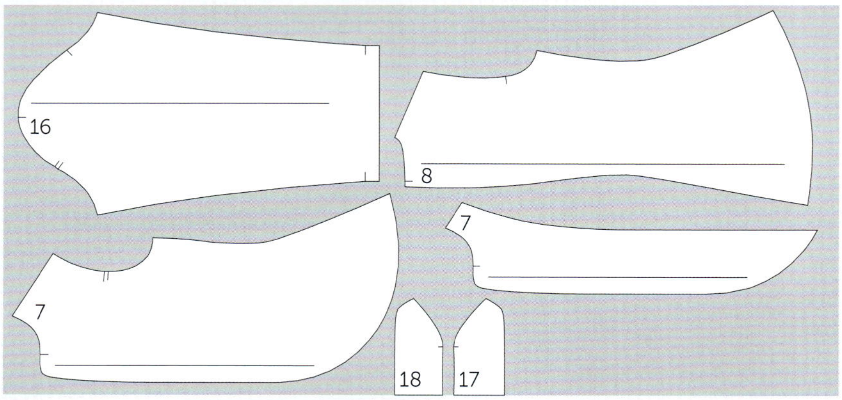

Stoffbruch

Zuschneiden

Die Schnittteile der gewünschten Größe vom Bogen auf Papier kopieren und ausschneiden.

Bitte beachten: Den Vorderteil-Beleg aus dem Vorderteil als Extra-Schnittteil kopieren.

Schnittbogen B in Rot

Größe: 36

Größe: 38

Größe: 40

Größe: 42

Größe: 44

Schnittteile

- 7 Vorderteil
- 7 Vorderteil-Beleg
- 8 Rückenteil
- 16 Ärmel
- 17 Oberkragen
- 18 Unterkragen

Bitte beachten: Beim Zuschnitt von Samt immer darauf achten, dass in einer Strichrichtung zugeschnitten wird. Mit dem Strich zugeschnitten glänzt der Stoff in einem sehr hellen Ton, gegen den Strich zugeschnitten (das ist die übliche Zuschnitt-Variante) glänzt der Samt in einem dunklen satten Ton.

Den Stoff in den Bruch legen, so dass Webkante auf Webkante liegt. Die Schnittteile gemäß Zuschneideplan auf dem Stoff positionieren.
Als Nahtzugabe an den Ärmelsaumkanten 4 cm, an den restlichen Schnittkanten 1 cm zugeben.

Vorbereiten

Formband von links auf die vordere und hintere Halsausschnittkante, die hintere Schulter, sowie die vordere und hintere Armausschnittkante jeweils 12 cm ab Schulter (also nur am oberen Armloch) bügeln.

So wird's gemacht

1 Vorderteil-Beleg an das Vorderteil nähen: Die innere Längskante des Belegs versäubern. Die versäuberte Kante nach links bügeln und den Umbruch füßchenbreit feststeppen. Beleg rechts auf rechts an die vorderen Kanten des Vorderteils stecken. Ab Kragenansatz bis zur Saumrundung den Beleg mit dem Vorderteil zusammennähen. Den Beleg nach links schlagen und die Kante in den Nahtbruch bügeln.

Tipp: Die Vorderteile an der vorderen Kante deckungsgleich legen: Beide vorderen Kanten sollten den gleichen Linienverlauf und die Revers-Ecken die gleiche Länge haben.

2 Hintere Mitte schließen: Die Rückenteile rechts auf rechts legen, sodass die Schnittkanten der hinteren Mitte deckungsgleich liegen und die Naht schließen. Nahtzugabe versäubern, in eine Richtung bügeln und von rechts füßchenbreit auf das Rückenteil steppen.

3 Schulter- und Seitennähte schließen: Vorderteile rechts auf rechts auf das Rückenteil legen, sodass die Schulter- und Seitenkanten deckungsgleich liegen und die Kanten zusammenstecken. Die Schulterkanten der Belege nach unten weg klappen. Schulter- und Seitennähte nähen. Die Nahtzugaben versäubern, in das Rückenteil bügeln und von rechts füßchenbreit auf das Rückenteil steppen.

4 Saum: Die Saumschnittkante versäubern und den Saum nach links bügeln. An der äußeren versäuberten Kante den Umbruch knappkantig und füßchenbreit auf dem Oberteil feststeppen 4.

5 Kragen an die Halsausschnittkante nähen: Ober- und Unterkragen rechts auf rechts aufeinanderlegen und die äußeren Kragenkanten zusammennähen. Den Kragen auf die rechte Seite wenden und die äußere Kragenkante in den Nahtbruch bügeln. Die Kragenkante füßchenbreit absteppen. Die unteren Kragenkanten exakt aufeinanderlegen und zusammennähen. Mit einer Stecknadel die hinteren Mitten im Kragen und im Rückenteil markieren und von diesem Punkt den Kragen rechts auf rechts zu beiden Seiten am gesamten Halsausschnitt bis zum Reversanfang feststecken und nähen. Vorderteil-Belege rechts auf rechts an die vorderen Halsausschnittkanten stecken und von links auf der sichtbaren Kragennaht den Beleg festnähen. Dabei die Schulterschnittkante vom Beleg 1 cm nach links legen, sodass der Umbruch genau auf der Schulternaht vom Oberteil liegt.

6 Halsausschnitt versäubern: Das Schrägband (aufgefaltet) rechts auf rechts an die hintere Halsausschnittkante legen. Am Anfang und Ende (Schulterpunkt) des hinteren Halsausschnittes liegt das Band je 1 cm weit über der Schulternaht. Die Naht in der Falzkante des Schrägbandes nähen. Schrägband um die Nahtzugabe herum nach innen legen und von rechts im Nahtschatten feststeppen. Seitliche Band-Nahtzugabe bis auf 2 mm abschneiden. Die eingefasste Nahtzugabe in das Rückenteil bügeln und das Schrägband an der Bruchkante knappkantig auf das Rückenteil steppen 6.

7 Schulterkante vom Beleg aufsteppen: Die Schulterkante des Belegs mit eingeschlagener Nahtzugabe von links an die Schulternaht des Oberteils stecken und an der äußeren Umbruchkante feststeppen. Vordere Kanten ab Reversanfang bis Belegende füßchenbreit absteppen 7. Den Vorderteil-Beleg vom Saum beginnend bis Schulterpunkt auf das Vorderteil stecken. Innere Längskante knappkantig und füßchenbreit aufsteppen.

8 Ärmel: Ärmel an den Längsschnittkanten rechts auf rechts legen und nähen. Nahtzugaben versäubern, nach hinten bügeln und von rechts füßchenbreit auf den Ärmel steppen. Ärmelsaumkanten versäubern, bei 2 cm nach links bügeln. An der äußeren versäuberten Kante den Saum knappkantig feststeppen.

9 Ärmel einnähen: Beim Einsetzen des Ärmels stets beachten, dass der rechte Ärmel in das rechte Armloch und der linke Ärmel in das linke Armloch genäht wird! Ärmelnaht liegt rechts auf rechts auf der Seitennaht. Ärmelrundung laut Passzeichen kantenbündig in das Armloch stecken und nähen. Nahtzugaben versäubern.

10 Knopflöcher und Knöpfe: Knopflöcher am rechten Vorderteil einnähen, Knöpfe passend dazu auf das linke Vorderteil nähen.

Tipp: Wenn in der Nähmaschine kein automatisches Knopflochprogramm vorhanden ist, kann ein Knopfloch auch mit Raupen aus dichten Zickzackstichen genäht werden.

4

6

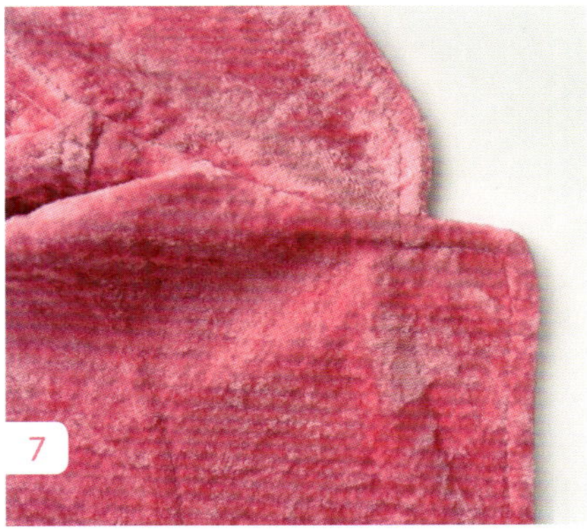
7

HONORATA

Braune Cord-Hose mit Schlag

Größen: 36–44 • **Schwierigkeitsgrad:** ✂ • Schnittbogen B in Rot

Absolut up to date ist man mit dieser Schlaghose. Lässig, unkonventionell und cordig… ein unentbehrlicher Anzieher!

Material

- Stretch-Cord in Braun (98 % Baumwolle, 2 % Elasthan, 145 cm breit), 1,40 m
- Baumwollschrägband in Braun, 40/20 mm breit, 50 cm
- Gummiband in Weiß, 5 cm breit, 100 cm
- Farblich passendes Nähgarn

Zuschneideplan

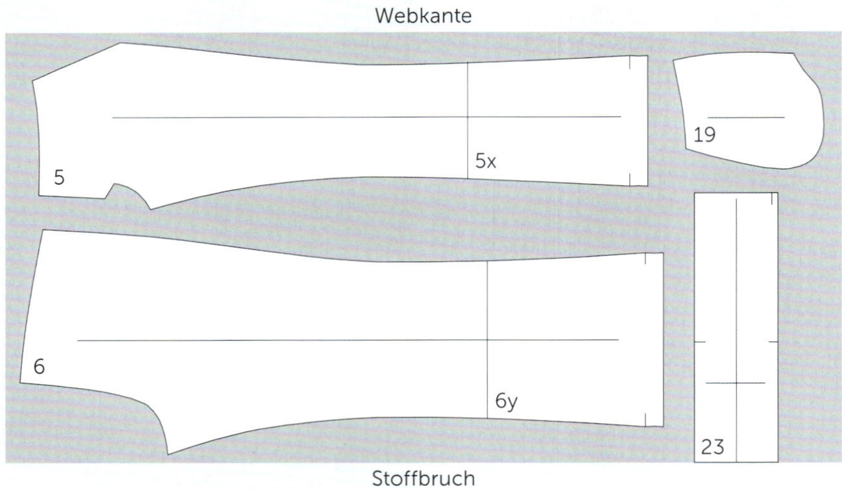

Zuschneiden

Die Schnittteile der gewünschten Größe vom Bogen auf Papier kopieren und ausschneiden. Vorderhose aus den Teilen 5 und 5x und die Hinterhose aus den Teilen 6 und 6y zusammensetzen.

Schnittbogen B in Rot

Größe: 36

Größe: 38

Größe: 40

Größe: 42

Größe: 44

Schnittteile

- 5 + 5x Vorderhose
- 6 + 6y Hinterhose
- 19 Taschenbeutel mit Hüftteil
- 23 Taillenbund

Bitte beachten: Beim Zuschnitt von Cord immer darauf achten, dass in einer Strichrichtung zugeschnitten wird. Mit dem Strich zugeschnitten nimmt der Cord einen helleren Farbton an, gegen den Strich zugeschnitten (ist die übliche Zuschnitt-Variante) nimmt der Cord einen dunkleren Farbton an.

Den Stoff in den Bruch legen, so dass Webkante auf Webkante liegt. Die Schnittteile gemäß Zuschneideplan auf dem Stoff positionieren.
Als Nahtzugabe am Saum 3 cm, an den restlichen Schnittkanten 1 cm zugeben.

So wird's gemacht

1 Eingrifftaschen arbeiten: Die Tascheneingriffkante in der Vorderhose mit Schrägband verstürzen. Dafür das Schrägband an einer Seite auffalten und rechts auf rechts an den Tascheneingriff legen, dann die Naht genau in dem gefalzten Bruch des Schrägbandes nähen. Nahtzugaben der Eingriffkante auseinanderbügeln und auf dem Schrägband die Untersteppnaht nähen. Schrägband nach links schlagen und in den Nahtbruch bügeln. Die äußere Schrägband-Bruchkante knappkantig und füßchenbreit auf die Vorderhose steppen.
Am Taschenbeutel mit Hüftteil die Schnittkanten versäubern; dann diesen rechts auf links laut Markierung unter den Tascheneingriff legen. Taschenbeutel auf die Vorderhose stecken. Von links den Taschenbeutel entlang der gerundeten Beutelkante knapp und füßchenbreit aufsteppen. Obere und seitliche Kante des Taschenbeutels an der Nahtzugabe auf die Vorderhose steppen. Taschen mit Bügeltuch von links bügeln.

2 Vorder- und Hinterhose zusammennähen: Vorder- und Hinterhosenteile jeweils so rechts auf rechts legen, dass die äußeren Beinkanten deckungsgleich liegen; Kanten stecken und nähen. Nahtzugaben versäubern und in die Hinterhose bügeln. Naht von rechts knapp und füßchenbreit absteppen. Naht nochmals bügeln. Die inneren Beinkanten rechts auf rechts aufeinanderlegen; stecken und nähen. Nahtzugaben versäubern und in die Hinterhose bügeln.

3 Schrittnaht schließen: Beide Hosenbeine rechts auf rechts ineinanderlegen. Schrittkanten stecken, die inneren Hosenbeinnähte liegen deckungsgleich. Die Schrittnaht, beginnend am angeschnittenen Hosenschlitzbeleg, schließen. Schrittnaht, sowie jeweils die Kanten der angeschnittenen Hosenschlitzbelege, versäubern. Für den dekorativen Hosenschlitz am rechten Vorderhosenteil den angeschnittenen Schlitzbeleg an der vorderen Mitte laut Markierung nach links umbügeln. Der angeschnittene Schlitzbeleg liegt nun innen auf der rechten Seite der Vorderhose. Den angeschnittenen Schlitzbeleg der linken Vorderhose ebenfalls in die rechte Vorderhose legen. Die Belege liegen rechts auf rechts kantenbündig aufeinander. Von rechts, 3 cm breit neben der Schlitzkante den Hosenschlitz durch alle Stofflagen absteppen. Hosenschlitz bügeln.

4 Taillenbund vorbereiten: Bund einbügeln. Als Bügelschablone einen Streifen aus fester Pappe in der Breite und Höhe des Bundes (ohne Nahtzugabe) zuschneiden. Den Bundstreifen auf das Bügelbrett (rechts unten) legen und die Pappschablone mittig darauf stecken (Nahtzugaben vom Bund sind sichtbar!) Die Nahtzugaben des Bundstreifens um die Schablone herum auf die Schablone bügeln. Pappe abnehmen, an den kurzen Kanten die Brüche nochmals auffalten und den Streifen an den kurzen Kanten rechts auf rechts zum Ring zusammennähen = hintere Mitte. Die Nahtzugaben auseinanderbügeln, dann an der Naht die Bruchkanten nochmals einbügeln.

5 Taillenbund annähen: Eine Bundschnittkante (aufgeklappt) rechts auf links auf die Taillenkante der Hose legen, Schnittkanten und hintere Mitte liegen deckungsgleich aufeinander. Die gesamte Strecke in gleichmäßigen Abständen feststecken. In der eingebügelten Bruchfalz den Bund rundum annähen, danach die Nahtzugaben in den Bund bügeln. Den Bund zur Hälfte auf die rechte Seite schlagen und die zweite eingebügelte Bruchkante auf die sichtbare Naht stecken. **Die eingebügelte Bundkante muss deckungsgleich mit der sichtbaren Naht abschließen!**
Den Bund knappkantig an der Bruchkante aufsteppen. Dabei eine etwa 4 cm lange Öffnung für das Gummiband lassen. Das Gummiband auf Taillenweite plus 2 cm Nahtzugabe schneiden. Gummiband mit Hilfe einer Sicherheitsnadel in den Taillenbund einziehen. Gummibandenden 2 cm übereinanderlegen und in einem Viereck zusammennähen. Die Kräuselungen gleichmäßig verteilen und die Öffnung schließen. An der vorderen Mitte, der hinteren Mitte sowie an den Seitennähten jeweils senkrecht durch den Bund samt Gummiband steppen.

6 Saum: Den Saum zweimal 1,5 cm nach links bügeln. Den doppelten Umbruch knappkantig von links aufsteppen.

INOA

Pannesamt-Kleid in Rot mit Ärmelvolants

Größen: 36–44 • **Schwierigkeitsgrad:** ✂✂ • Schnittbogen D in Grau

Samtig, weich und schwingend
ist dieses bezaubernde Kleid aus beerenfarbenem Pannesamt.
Mit diesem Kleid kann man einfach nur punkten!

Material

- Pannesamt in Rot (100 % Polyester, 140 cm breit), 2,00 m
- Farblich passendes Nähgarn

Zuschneiden

Die Schnittteile der gewünschten Größe vom Bogen auf Papier kopieren und ausschneiden.

Bitte beachten: Den mittleren Ärmel und den unteren Ärmel aus dem Ärmel und den mittleren und unteren Ärmel-Volant aus dem oberen Ärmel-Volant als Extra-Schnittteil kopieren.

Schnittbogen D in Grau

Größe: 36

Größe: 38

Größe: 40

Größe: 42

Größe: 44

Schnittteile

- 3 Vorderteil
- 4 Rückenteil
- 11 oberer Ärmel
- 11 mittlerer Ärmel
- 11 unterer Ärmel
- 12 oberer Ärmel-Volant
- 12 mittlerer und unterer Ärmel-Volant
- 20 Saumrüsche

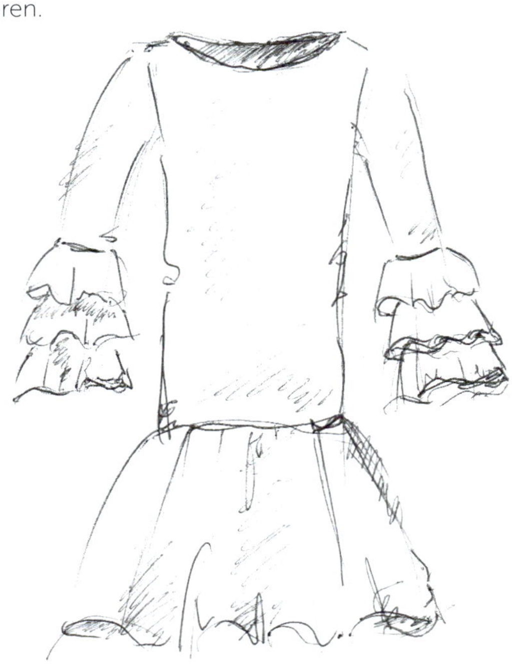

Zuschneideplan

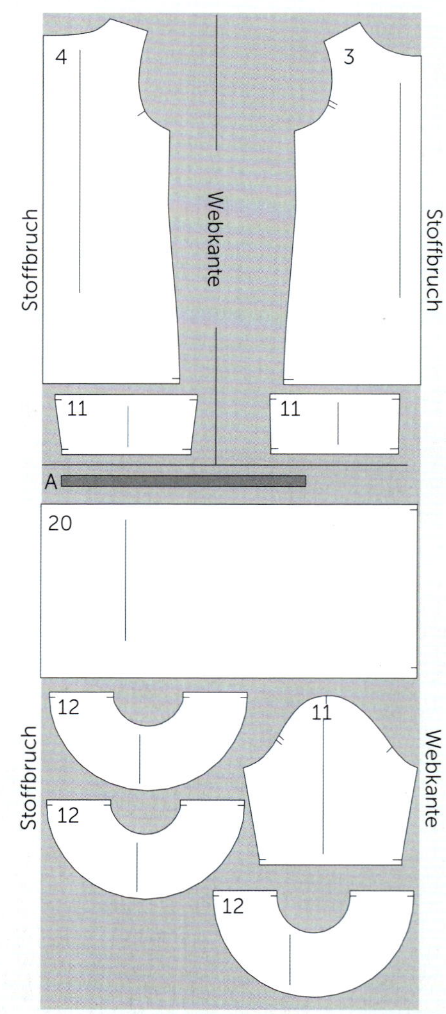

Bitte beachten: Beim Zuschnitt von Samt immer darauf achten, dass in einer Strichrichtung zugeschnitten wird. Mit dem Strich zugeschnitten glänzt der Stoff in einem sehr hellen Ton, gegen den Strich zugeschnitten (das ist die übliche Zuschnitt-Variante) glänzt der Samt in einem dunklen satten Ton.

Den Stoff in den Bruch legen, so dass Webkante auf Webkante liegt. Die Schnittteile gemäß Zuschneideplan auf dem Stoff positionieren. Die Halsausschnittkante und die äußeren Ärmel-Volantschnittkanten ohne Nahtzugabe schneiden.
Als Nahtzugabe an der unteren Kante der Saumrüsche 2 cm, an den restlichen Schnittkanten 1 cm zugeben.

Nachfolgendes Schnittteil ist mit Nahtzugabe angegeben.

- A Halsausschnittblende: Länge: 6 cm kürzer als die Halsausschnittkante, 2 cm breit.

So wird's gemacht

Wichtig! Dehnbaren Stoff immer mit einem elastischen Stich verarbeiten, damit sich die Naht gleichmäßig mit dem Stoff dehnen kann und nicht reißt.

1 Schulternähte schließen: Schulterkanten von Vorder- und Rückenteil rechts auf rechts aufeinanderlegen und die Nähte bei 1 cm schließen. Nahtzugaben versäubern und in das Rückenteil bügeln.

2 Halsausschnittblende: Den Blendenstreifen an den kurzen Kanten rechts auf rechts zum Ring schließen. Die Blenden-Ring mit den offenen Kanten rechts auf links gedehnt an den Halsausschnitt legen und feststecken. Bei 1 cm die Strecke gedehnt nähen. Die Blende + Nahtzugabe zur rechten Seite umschlagen, Blende über die Nahtzugabe legen, offenkantig feststecken und in gedehntem Zustand füßchenbreit unterhalb des Halsausschnittes 1 cm breit feststeppen 2.

3 Seitennähte schließen: Die Seitenkanten rechts auf rechts legen, mit wenigen Stecknadeln befestigen und die Naht bei 1 cm schließen. Seitennähte versäubern und in das Rückenteil bügeln.

4 Ärmel vorbereiten: Alle Volants sind mit offenen Schnittkanten verarbeitet worden. Die Volants (pro Ärmel 3x) jeweils an den Seitenschnittkanten rechts auf rechts aufeinanderlegen und die Naht bei 1 cm schließen. Alle Nähte auseinanderbügeln. Danach alle Nähte rechts und links der Naht füßchenbreit absteppen. Gut verriegeln. Alle Ärmelteile (= oberer, mittlerer und unterer Ärmel) ebenfalls jeweils rechts auf rechts legen und die Ärmelnähte bei 1 cm schließen. Die Nahtzugaben versäubern und nach hinten bügeln.

Tipp: Am besten die Ärmelteile mit Nummern versehen, damit sie beim Zusammennähen nicht verwechselt werden.

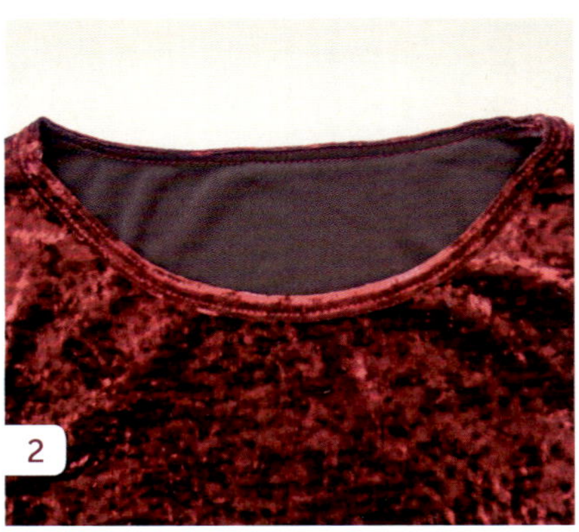
2

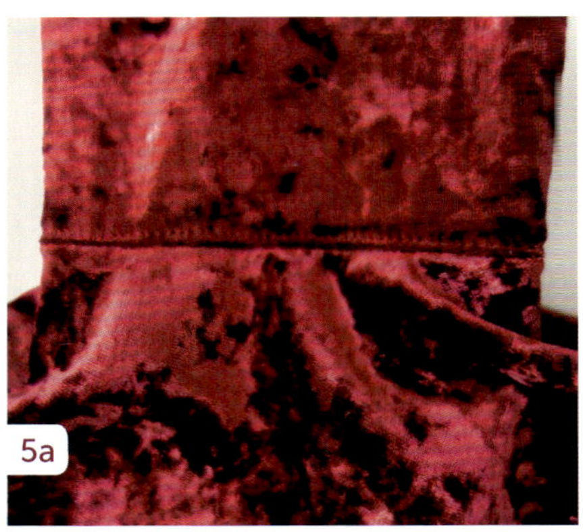
5a

5b

5 Ärmelteile zusammennähen: **von oben beginnend** Den oberen Volant rechts auf rechts auf die untere Kante des oberen Ärmels legen, die Naht im Volant liegt exakt auf der Ärmelnaht, mit Stecknadeln feststecken. Die obere Schnittkante des mittleren Ärmels rechts auf links auf den oberen Volant legen und nochmals mit Stecknadeln feststecken. (3 Lagen = oberer Ärmel + oberer Volant + mittlerer Ärmel) Alle 3 Teile gedehnt zusammennähen. Nahtzugabe versäubern, in den oberen Ärmel bügeln und von rechts knappkantig gedehnt absteppen 5a. Das gleiche Prinzip wiederholt sich nochmals beim Einsetzen des mittleren Volants und des unteren Ärmels. Den unteren Volant rechts auf rechts auf die Ärmelsaumkante legen, mit Stecknadeln befestigen und die Naht gedehnt nähen. Nahtzugabe versäubern, in den Ärmel bügeln und von rechts knappkantig gedehnt absteppen 5b.

6 Ärmel einsetzen: Beim Einsetzen des Ärmels in das Armloch immer darauf achten, dass der rechte Ärmel in das rechte Armloch und der linke in das linke Armloch genäht wird! Die Ärmelnaht liegt rechts auf rechts exakt an der Seitennaht. Ärmel laut Passzeichen kantenbündig in das Armloch stecken und nähen. Nahtzugabe versäubern.

7 Saumrüsche: Die Saumrüsche an den kurzen Kanten rechts auf rechts legen und die Naht bei 1 cm schließen. Die Nahtzugabe versäubern und zu einer Seite bügeln. Die Saumschnittkante versäubern und 2 cm nach links bügeln. Den Saum an der versäuberten Kante knappkantig feststeppen 7. Die obere Schnittkante der Saumrüsche auf die Weite des Oberteilsaums einkräuseln, siehe Seite 14.

8 Saumrüsche mit Oberteil verbinden: Saumrüsche rechts auf rechts an die Saumkante des Oberteils legen, die Naht der Saumrüsche liegt exakt auf der linken Seitennaht des Oberteils, mit Stecknadeln feststecken. Auf der Saumrüsche mittig nähen, sodass noch korrigiert werden kann, falls sich die Kräuselung etwas verschiebt! Nahtzugabe versäubern und die Kräuselfäden entfernen. Nahtzugabe in das Oberteil bügeln 8.

7

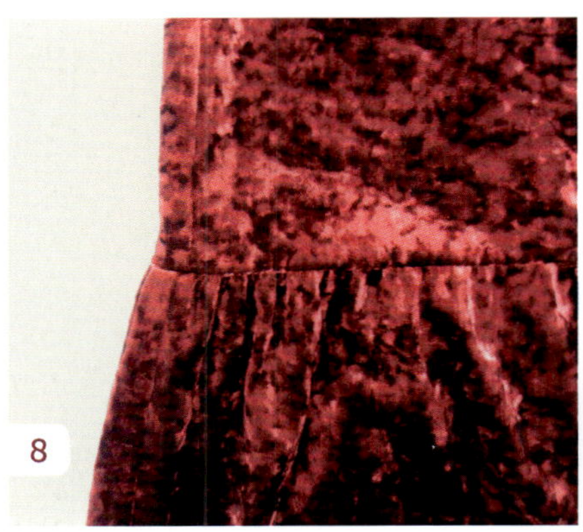
8

JALINA

Langer Samt-Mantel in Dunkelgrün

Größen: 36–44 • **Schwierigkeitsgrad:** ✂✂✂ • Schnittbogen B in Schwarz

Ein Mantel der Extraklasse ist dieser dunkelgrüne Paletot.
Die Ärmelbänder unterstreichen das Feminine dieses puristischen Klassikers.

Material

- Samt in Dunkelgrün (100 % Baumwolle, 140 cm breit), 3,00 - 3,00 - 3,00 - 3,50 - 3,50 m
- Stretchfutter in Kontrastfarbe wie hier z. B. in Violett (96 % Acetat, 4 % Elastan, 140 cm breit), 2,20 m
- Gewebeeinlage in Schwarz (90 cm breit), 150 cm
- Formband in Grau, 1 cm breit, 150 cm
- 1 großer Knopf, 1 Unterknopf
- Farblich passendes Nähgarn

Zuschneideplan

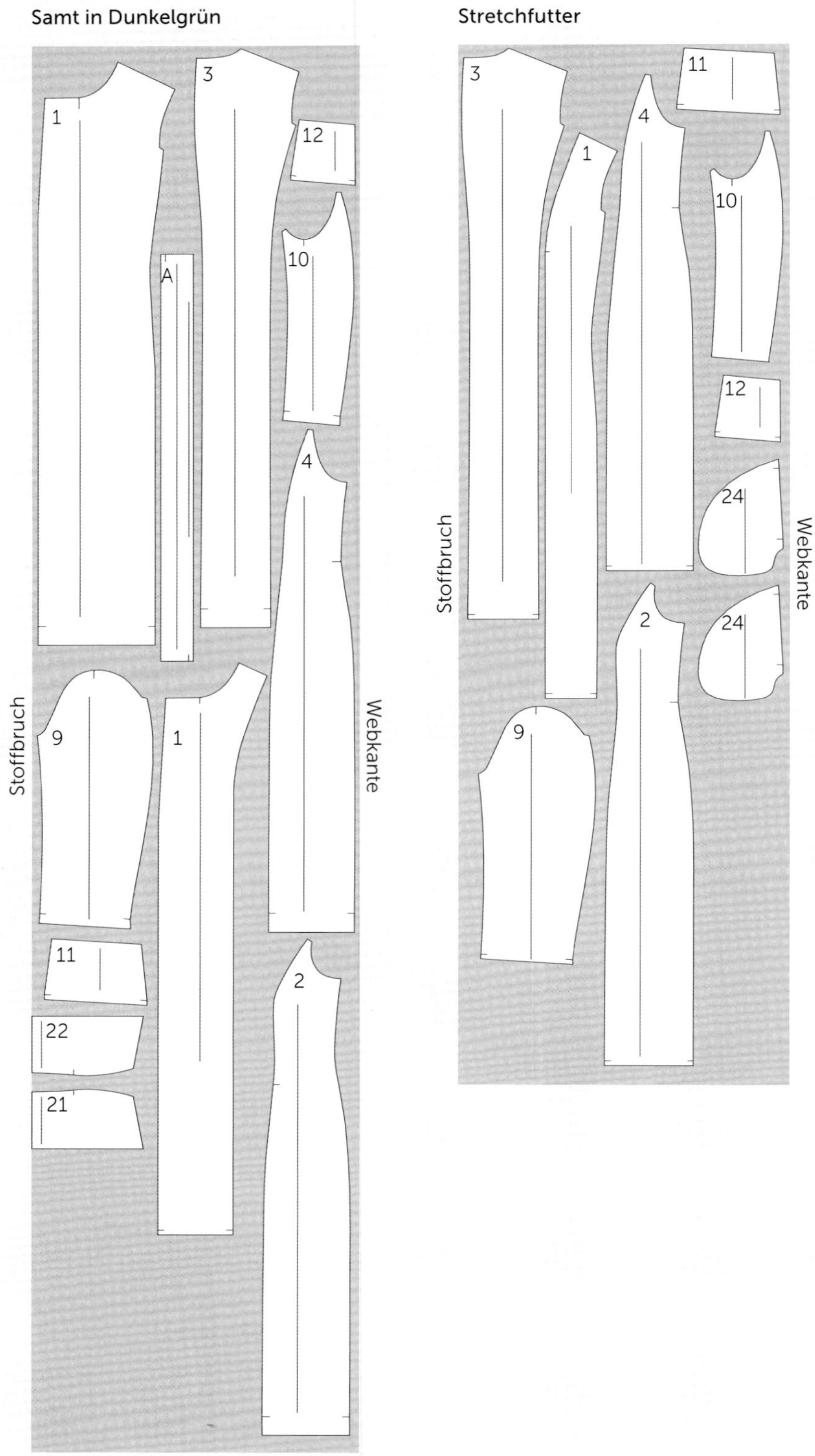

Zuschneiden

Die Schnittteile der gewünschten Größe vom Bogen auf Papier kopieren und ausschneiden.

Bitte beachten: Den Vorderteil-Beleg und das Futter-Vorderteil aus dem Vorderteil als Extra-Schnittteil kopieren.

Schnittbogen B in Schwarz

Größe: 36 - — — — — -

Größe: 38 ∘∘∘∘∘∘∘∘∘∘∘∘∘∘∘

Größe: 40 -——————————-

Größe: 42 ‹ ✶✶✶✶✶✶✶✶✶✶ ›

Größe: 44 ————————

Schnittteile

- 1 Vorderteil
- 1 Vorderteil-Beleg
- 1 Futter-Vorderteil
- 2 seitliches Vorderteil
- 3 Rückenteil
- 4 seitliches Rückenteil
- 9 Oberärmel
- 10 Unterärmel
- 11 Oberärmel-Manschette
- 12 Unterärmel-Manschette
- 24 Taschenbeutel
- 21 Oberkragen
- 22 Unterkragen

Bitte beachten: Beim Zuschnitt von Samt immer darauf achten, dass in einer Strichrichtung zugeschnitten wird. Mit dem Strich zugeschnitten glänzt der Stoff in einem sehr hellen Ton, gegen den Strich zugeschnitten (das ist die übliche Zuschnitt-Variante) glänzt der Samt in einem dunklen satten Ton.

Den Stoff und das Futter in den Bruch legen, so dass Webkante auf Webkante liegt. Die Schnittteile gemäß Zuschneideplan auf dem Stoff bzw. auf dem Futter positionieren.
Als Nahtzugabe an der Saumkante des Oberstoffs 5 cm, an den restlichen Schnittkanten 1 cm zugeben.

Nachfolgendes Schnittteil ist mit Nahtzugabe angegeben.

- A Ärmelbänder: 100 cm lang, 6 cm breit.

Vorbereiten
Einlage auf den Vorderteil-Beleg und auf den Oberkragen bügeln. 5 cm breiten Streifen in Länge der Saumkanten aus der Einlage schneiden und den Streifen auf die Saumkanten bügeln.
Formband von links auf die vordere und hintere Halsausschnittkante, die hintere Schulter und auf die vordere und hintere Armausschnittkante jeweils 12 cm ab Schulter (also nur am oberen Armloch) bügeln.

So wird's gemacht

1 Teilungsnähte im Rückenteil schließen: Rückenteile rechts auf rechts legen, die Schnittkanten der hinteren Mitte liegen deckungsgleich, stecken und die hintere Mitte schließen. Nahtzugabe mit Bügeltuch auseinanderbügeln. Die seitlichen Rückenteile jeweils rechts auf rechts auf die seitlichen Schnittkanten des Rückenteils legen, stecken und nähen. Nahtzugaben auseinanderbügeln.

2 Taschenbeutel arbeiten: Den Taschenbeutel rechts auf rechts laut Markierung auf das Vorderteil legen und den Tascheneingriff nähen. Anfang und Ende der Naht gut verriegeln. Die Nahtzugabe zu den Nahtenden einschneiden und an der Eingriffkante auseinanderbügeln. Danach die Kante in den Nahtbruch bügeln. Den oberen Taschenbeutel rechts auf rechts auf den Taschenbeutel stecken. Die seitliche Nahtzugabe des Taschenbeutels liegt in einer Linie mit der Seitenkante des Vorderteils. Den Taschenbeutel schließen und danach die Schnittkanten versäubern. Die seitlichen Nahtzugaben an die Seitenkante des Vorderteils nähen.

3 Teilungsnähte im Vorderteil schließen: Wie beim Rückenteil beschrieben nähen.

4 Schulter- und Seitennähte schließen: Die Vorderteile jeweils so rechts auf rechts auf das Rückenteil legen, dass die Schulter- und die Seitenkanten deckungsgleich liegen, bei 1 cm die Kanten zusammennähen. Nahtzugaben mit Bügeltuch auseinanderbügeln.

5 Kragen arbeiten: Ober- und Unterkragen rechts auf rechts legen, vordere und obere Kanten bei 1 cm nähen. Nahtzugabe auf 0,5 cm zurückschneiden, den Kragen auf rechts wenden und die Kanten ausbügeln. Die unteren Kragenschnittkanten links auf links zusammensteppen, die Schnittkanten liegen exakt aufeinander, so dass der Oberkragen etwas Rollweite hat. Den Unterkragen rechts auf rechts an die Halsausschnittkante ab und bis Markierungen legen und die Naht bei 1 cm nähen.

6 Vorderteil-Beleg annähen: Den Beleg rechts auf rechts auf das Vorderteil legen, vordere Schnittkanten und vordere Halsausschnittkanten liegen deckungsgleich, der Kragen liegt an den vorderen Halsausschnittkanten dazwischen. Die Strecken stecken. Den Beleg an die Vorderteile nähen, am Halsausschnitt nur bis zur Schulternaht, so dass 1 cm im Beleg offen bleibt. Die Nahtzugaben am Revers knapp zurückschneiden, den Beleg nach innen schlagen und die Kanten ausbügeln 6.

6

7 Saum: Saumkanten versäubern und 5 cm nach innen bügeln.

8 **Ärmel arbeiten:** Ober- und Unterärmel jeweils rechts auf rechts legen und die äußere Ärmelnaht nähen. Nahtzugaben mit Bügeltuch auseinanderbügeln. Ober- und Unterärmel jeweils so rechts auf rechts zur Hälfte legen, dass die inneren Ärmelkanten deckungsgleich liegen. Innere Ärmelnaht nähen. Nahtzugaben auseinanderbügeln.

9 **Ärmelmanschette arbeiten:** Oberstoff-Manschettenteile an den äußeren Ärmelkanten rechts auf rechts zusammennähen, dann an den inneren Ärmelkanten zum Ring schließen. Die Nahtzugaben jeweils auseinanderbügeln. Futtermanschette ebenfalls so nähen. Futter- und Oberstoffmanschette rechts auf rechts ineinanderlegen, die Saumkante stecken und nähen. Die Nahtzugabe über einem Ärmelbügelbrett auseinanderbügeln und danach in den Nahtbruch bügeln. Obere Schnittkanten links auf links zusammennähen. Manschette rechts auf rechts – die Nähte der Manschette liegt deckungsgleich mit den Ärmelnähten – auf die untere Ärmelkante legen, rundum feststecken und annähen.

10 **Ärmel einnähen:** Beim Einsetzen des Ärmels in das Armloch immer darauf achten, dass der rechte Ärmel in das rechte Armloch und der linke Ärmel in das linke Armloch genäht wird! Die Ärmelnähte liegen wie am Armloch markiert. Ärmel und Armloch mit Stecknadeln feststecken, dabei die Mehrweite des Ärmels im oberen Armlochbereich verteilen. Ärmel bei 1 cm einnähen und die Ärmeleinsatznaht bügeln.

11 **Knopfloch und Knopf:** Knopfloch laut Markierung im rechten Vorderteil einarbeiten und den Knopf am linken Vorderteil annähen.

> *Tipp:* Wenn in der Nähmaschine kein automatisches Knopflochprogramm vorhanden ist, kann ein Knopfloch auch mit Raupen aus dichten Zickzackstichen genäht werden.

12 **Mantel bügeln:** Bevor das Futter in den Mantel genäht wird, den Mantel sorgfältig abbügeln.

13 **Futter nähen:** Hintere Mitte im Rückenteil rechts auf rechts schließen, Nahtzugabe versäubern und zu einer Seite bügeln.
Seitliche Rückenteile rechts auf rechts auf das Rückenteil legen, Nähte schließen, Nahtzugaben versäubern und ins Rückenteil bügeln.
Seitliche Vorderteile genauso an die Vorderteile nähen.
Die Schulterschnittkanten im Vorder- und Rückenteil versäubern.
Vorderteile rechts auf rechts auf das Rückenteil legen, Seitennähte bei 1 cm nähen, Nahtzugaben versäubern und in das Rückenteil bügeln. Schulternähte laut Schnitt rechts auf rechts legen, feststecken und die Naht ab Armloch bis 1 cm vor der Schnittkante des Futtervorderteils nähen. Nahtzugabe ins Vorderteil bügeln.
Ober- und Unterärmel jeweils rechts auf rechts legen, innere und äußere Ärmelnähte bei 1 cm nähen, dabei an einem Ärmel an der inneren Ärmelnaht eine 15 cm lange Öffnung zum Wenden lassen. Nahtzugaben versäubern, an der Öffnung die Schnittkanten separat versäubern, und in den Oberärmel bügeln. Ärmelsaumkante versäubern. Ärmel in die Armlöcher stecken, dabei die Mehrweite des Ärmels am Schulterpunkt in eine kleine Falte legen und den Ärmel bei 1 cm einnähen. Nahtzugaben versäubern und die Ärmeleinsatznaht bügeln. Das Mantelfutter sorgfältig abbügeln.

14 **Futter einnähen:** Die vorderen Futterkanten jeweils rechts auf rechts auf die Belegschnittkanten legen und die Strecke mit Stecknadeln feststecken, 5 cm ab Saumkante beginnend die Naht bei 1 cm nähen, Schulterschnittkanten schließen exakt aufeinanderliegend ab. Nahtzugabe in den Beleg bügeln und offene Belegkante am Saum 1 cm einbügeln. Saumkante im Beleg ebenfalls 1 cm nach innen bügeln und von Hand an die Saumkante staffieren. Die restliche Schulternaht rechts auf rechts schließen und die Nahtzugabe ins Vorderteil bügeln. Das hintere Halsloch rechts auf rechts nähen und die Nahtzugabe im hinteren Halsloch an der Schulternaht und mehrmals im Abstand von ca. 3 cm einschneiden, damit sich die Nahtzugabe besser legt. Den Futterärmel links auf links in den Ärmel legen. Die Ärmelsaumkante im Futter rechts auf rechts an die Manschettenschnittkante legen, den Ärmel über die offene Saumschnittkante auf links ziehen und das Ärmelfutter an die Manschette nähen. Nahtzugabe in den

Futterärmel bügeln. Mantel auf rechts wenden, die Futtersaumkante rechts auf rechts auf die Saumkante legen und die Saumkanten über die Öffnung im Ärmel auf links ziehen. Saumkanten rechts auf rechts legen, dabei darauf achten, dass die Nähte exakt aufeinanderliegen, mit Stecknadeln feststecken. Saumschnittkanten bei 1 cm nähen. Mantel auf rechts wenden und die offene Ärmelnaht im Futter knappkantig zusammensteppen. Den Saum von rechts fixieren, dafür im Nahtschatten der Teilungsnähte verriegeln.

15 Ärmelbänder arbeiten: Ärmelband an den Längsschnittkanten rechts auf rechts zur Hälfte legen, stecken und nähen. Mit einer Sicherheitsnadel das Band auf die rechte Seite wenden. Band in den Nahtbruch bügeln. Die seitlichen Schnittkanten 1 cm weit nach links in das Band stecken; Bruchkanten bügeln und die Öffnungen von Hand zunähen. Die Mitte des Bandes an der inneren Ärmelnaht in Höhe des Manschettenansatzes auf den Ärmel legen und vertikal aufsteppen 15.

15

LIANA

Dunkelbraune Samt-Jacke mit eingesetzten Volants

Größen: 36–44 • **Schwierigkeitsgrad:** ✂✂✂ • Schnittbogen D in Rot

Ein ganz spezielles Jackendesign, raffiniert im Detail und Eyecatcher pur! Nicht nur zu Hoodie und Jeggings schaut diese Jacke super aus, auch zusammen mit einem goldfarbenen Samtkleid ist nichts mehr zu toppen!

Material

- Samt in Dunkelbraun (100 % Baumwolle, 140 cm breit), 1,10 m
- Microfaser-Taft in Braun (100 % Polyester, 150 cm breit), 0,50 m
- Lederimitat in Goldfarben (70 % Baumwolle, 30 % Polyurethan, 140 cm breit), 0,20 m
- Formband in Grau, 1 cm breit, 150 cm
- 1 Zwei-Wege-Reißverschluss in Beige, 55 - 56 - 56 - 57 - 57 cm lang
- Farblich passendes Nähgarn

Zuschneiden

Die Schnittteile der gewünschten Größe vom Bogen auf Papier kopieren und ausschneiden.
Bitte beachten: Die Vorderteil-Passe und den vorderen Halsausschnittbeleg aus dem Vorderteil, die Rückenteil-Passe und den hinteren Halsausschnittbeleg aus dem Rückenteil, die Ärmel-Passe aus dem Ärmel, den vorderen Volant aus dem hinteren Volant und den Ärmel-Volant aus dem Ärmelsaum-Volant als Extra-Schnittteil kopieren.

Schnittbogen D in Rot
Größe: 36 ◦◦◦◦◦◦◦◦◦◦◦◦◦◦◦
Größe: 38 – – – – – – – – – –
Größe: 40 ∗∗∗∗∗∗∗∗∗∗
Größe: 42 - – - – - – - – - –
Größe: 44 ————————

Schnittteile
- 15 Vorderteil
- 15 Vorderteil-Passe
- 15 vorderer Halsausschnittbeleg
- 16 Rückenteil
- 16 Rückenteil-Passe
- 16 hinterer Halsausschnittbeleg
- 8 Ärmel
- 8 Ärmel-Passe
- 9 hinterer Volant
- 9 vorderer Volant
- 10 Ärmelsaum-Volant
- 10 Ärmel-Volant

Zuschneideplan

Samt in Dunkelbraun

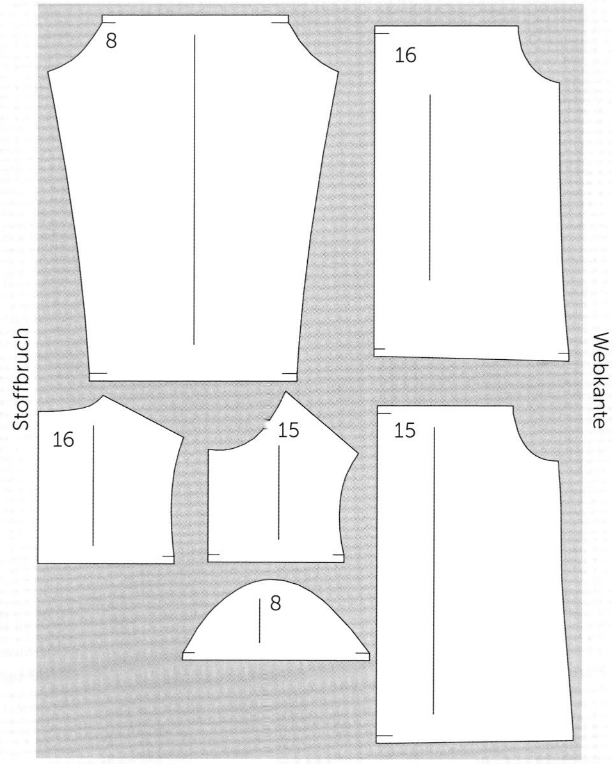

Microfaser-Taft

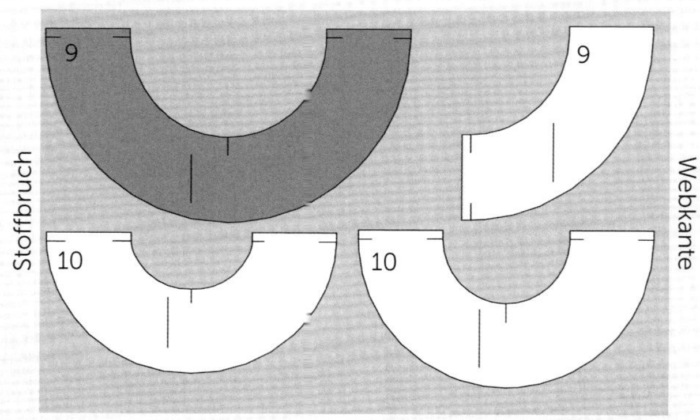

Bitte beachten: Beim Zuschnitt von Samt immer darauf achten, dass in einer Strichrichtung zugeschnitten wird. Mit dem Strich zugeschnitten glänzt der Stoff in einem sehr hellen Ton, gegen den Strich zugeschnitten (das ist die übliche Zuschnitt-Variante) glänzt der Samt in einem dunklen sattem Ton.

Die Stoffe in den Bruch legen, so dass Webkante auf Webkante liegt. Die Schnittteile gemäß Zuschneideplan auf den Stoffen positionieren.
Als Nahtzugabe an allen Schnittkanten 1 cm zugeben.

- 15 vorderer Halsausschnittbeleg: 2x aus Lederimitat
- 16 hinterer Halsausschnittbeleg: 1x aus Lederimitat

Nachfolgende Schnittteile sind mit Nahtzugabe angegeben und werden aus dem Lederimitat zugeschnitten.

- A Streifen für hintere Mitte: Länge wie hintere Mitte, 2 cm breit.
- B Streifen für hintere Passe: Länge wie untere Kante der hinteren Passe, 3 cm breit.
- C Streifen für vordere Passe: Länge wie untere Kante der vorderen Passe, 3 cm breit.
- D Streifen für die Schulternaht: Länge wie Schulternaht, 2 cm breit.
- E Streifen für die Seitennaht: Länge wie Seitennaht, 2 cm breit.
- F Streifen für Ärmel-Passe: Länge wie untere Kante der Ärmel-Passe, 3 cm breit.
- G Streifen für das Armloch: Länge wie Armausschnittkante plus 2 cm Nahtzugabe, 3 cm breit.
- H Saumstreifen: Länge wie Saumkante, 2 cm breit.
- I Streifen für vordere Kante: Länge wie vordere Kante, 2 cm breit.

Vorbereiten

Formband von links auf die vordere und hintere Halsausschnittkante, die hintere Schulter und auf die vordere und hintere Armausschnittkante jeweils 12 cm ab Schulter bügeln, also nur das obere Armloch bekleben.

So wird's gemacht

1 Volants: Alle Saumkanten der Volants versäubern und bügeln **1**. Volant rechts auf rechts zum Ring schließen, Nahtzugaben versäubern und nach hinten bügeln. Saumkante 1 cm breit nach links schlagen und rechts knappkantig feststeppen.

2 Hintere Mitte schließen: Rückenteile links auf links legen, und die hintere Mitte bei 1 cm nähen. Die Nahtzugabe mit Bügeltuch auseinanderbügeln. Von rechts den Streifen für die hintere Mitte auf die Nahtzugabe legen und feststecken (Nahtzugabe ist verdeckt). Die Schnittkanten des Streifens knappkantig auf das Rückenteil steppen **2**. Volant links auf rechts auf die obere Schnittkante des Rückenteils legen, stecken und nähen.

1

2

3 Passe im Rückenteil schließen: Die Passe rechts auf rechts auf die oberen Schnittkanten von Volant und Rückenteil legen und feststecken. Auf dem Rückenteil, genau in der sichtbaren Naht, Passe und Rückenteil zusammennähen. Danach auf dem Rückenteil den Streifen für die hintere Passe rechts auf links auf die genähte Naht legen, sodass alle Schnittkanten deckungsgleich aufeinanderliegen, mit Stecknadeln befestigen. Auf der Passe, genau in der sichtbaren Naht, den Streifen festnähen. Streifen und Nahtzugabe mit Bügeltuch in die Passe bügeln. Die obere Schnittkante des Streifens knappkantig und füßchenbreit auf die Passe steppen **3**. Die seitlichen Schnittkanten des Volants auf dem Armloch befestigen.

3

8

4 Passe im Vorderteil schließen: Die Passe im Vorderteil genauso arbeiten wie die Passe im Rückenteil. Die seitlichen Schnittkanten des Volants an der vorderen Kante befestigen.

5 Schulternaht schließen: Vorder- und Rückenteil an den Schulterkanten rechts auf rechts legen und die Schulternähte schließen. Die Nahtzugaben auseinanderbügeln. Lederimitat-Streifen aufnähen, siehe Punkt 2.

6 Seitennähte schließen: Die Seitennähte genauso arbeiten.

7 Ärmel nähen: Den Volant in der Ärmelpasse wie bei Punkt 3 beschrieben arbeiten. Ärmel an den Längskanten rechts auf rechts legen und die Naht nähen. Nahtzugabe versäubern und nach hinten bügeln.

8 Ärmelsaum-Volant: Die Schnittkante des Ärmelsaum-Volants rechts auf rechts auf die Ärmelsaumschnittkante legen, stecken und nähen. Nahtzugabe versäubern, in den Ärmel bügeln und von rechts absteppen 8.

9 Ärmel einnähen: Beim Einsetzen des Ärmels in das Armloch immer darauf achten, dass der rechte Ärmel in das rechte Armloch und der linke Ärmel in das linke Armloch genäht wird! Ärmel laut Passzeichen kantenbündig in das Armloch stecken, dabei die Mehrweite des Ärmels im oberen Armlochbereich verteilen; den Ärmel bei 1 cm einnähen. Die Schnittkante des Streifens rechts auf links auf die Schnittkante der Nahtzugabe des Ärmels legen und vertikal feststecken (Nahtzugaben vom Streifen übereinanderlegen). Genau in der sichtbaren Naht vom Armloch den Streifen aufnähen. Streifen in das Armloch bügeln und stecken. Füßchenbreit den Streifen auf das Armloch steppen. Nahtzugabe auf 3 mm zurückschneiden.

10 Saum: Den Saum bei 1 cm nach links bügeln. Den Zierstreifen von links an die Saumkante legen und knappkantig aufsteppen 10.

11 Halsausschnitt: Schulternähte im vorderen und hinteren Halsausschnittbeleg rechts auf rechts schließen. Nahtzugabe auseinanderbügeln. Den Halsausschnittbeleg rechts auf rechts an die Halsausschnittkante legen, stecken und bei 1 cm nähen. Die Naht auseinanderbügeln, danach die Kante in den Nahtbruch bügeln. Den Beleg auf das Teil stecken und den Nahtbruch knappkantig absteppen. Von links die offene Belegschnittkante knappkantig auf das Teil steppen 11.

12 Reißverschluss einnähen: Den geöffneten Reißverschluss jeweils links auf links auf die vordere Kante im Vorderteil stecken und mit einem Reißverschlussfuß festnähen. Nahtzugaben nach rechts auf das Vorderteil bügeln. Den Streifen links auf rechts auf das Reißverschlussband legen (eine Schnittkante des Streifens liegt genau an der sichtbaren Naht) und feststecken. An den Schnittkanten den Streifen knappkantig aufsteppen 12a + 12b.

10

12a

11

12b

MALEA

Wickelkleid aus Pannesamt in Goldgelb

Größen: 36–44 • **Schwierigkeitsgrad:** ✂✂ • Schnittbogen D in Schwarz

Ein glamouröser Abend steht bevor?
Dann ist dieses Samtkleid das ideale Kleidungsstück, um die Blicke auf sich zu lenken.
Mit dem perfekten Maß an Lässigkeit und schlichter Eleganz.

Material

- Pannesamt in Goldgelb (100 % Polyester), 1,80 - 1,80 - 2,00 - 2,00 - 2,00 m
- Formband in Weiß, 1 cm breit, 150 cm
- Farblich passendes Nähgarn

Zuschneideplan

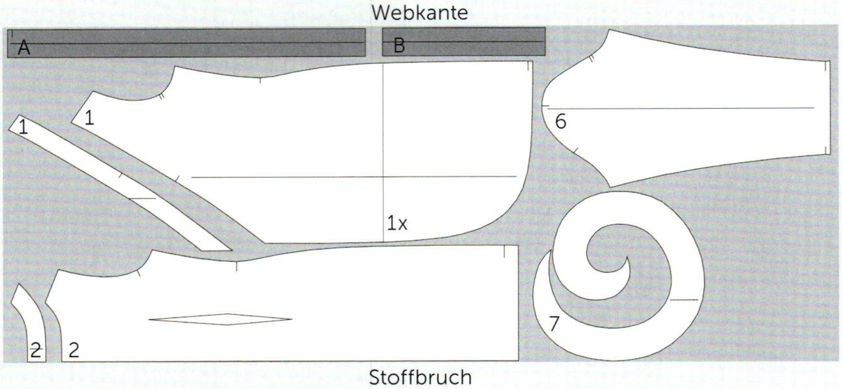

Zuschneiden

Die Schnittteile der gewünschten Größe vom Bogen auf Papier kopieren und ausschneiden.

Bitte beachten: Vorderteil aus den Teilen 1 und 1x zusammensetzen. Den Vorderteil-Beleg aus dem Vorderteil und den hinteren Halsausschnittbeleg aus dem Rückenteil als Extra-Schnittteil kopieren.

Schnittbogen D Schwarz

Größe: 36 ◦◦◦◦◦◦◦◦◦◦◦◦◦◦◦

Größe: 38 - - - - - - - - - - -

Größe: 40 × × × × × × × × × × ×

Größe: 42 - · - · - · - · - · - · -

Größe: 44 ———————

Schnittteile

- 1 + 1x Vorderteil
- 1 Vorderteil-Beleg
- 2 Rückenteil
- 2 hinterer Halsausschnittbeleg
- 6 Ärmel
- 7 Volant

Bitte beachten: Beim Zuschnitt von Samt immer darauf achten, dass in einer Strichrichtung zugeschnitten wird. Mit dem Strich zugeschnitten glänzt der Stoff in einem sehr hellen Ton, gegen den Strich zugeschnitten (das ist die übliche Zuschnitt-Variante) glänzt der Samt in einem dunklen satten Ton.

Den Stoff in den Bruch legen, so dass Webkante auf Webkante liegt. Die Schnittteile gemäß Zuschneideplan auf dem Stoff positionieren. Die äußeren Volantschnittkanten ohne Nahtzugabe schneiden, an den restlichen Schnittkanten 1 cm zugeben.

Nachfolgende Schnittteile sind mit Nahtzugabe angegeben.

- A Linkes Bindeband: 75 cm lang, 6 cm breit.
- B Rechtes Bindeband: 36 cm lang, 6 cm breit.

Vorbereiten

Formband von links auf die vordere Ausschnitt- und die hintere Halsausschnittkante bügeln.

So wird's gemacht

Wichtig! Dehnbaren Stoff immer mit einem elastischen Stich verarbeiten, damit sich die Naht gleichmäßig mit dem Stoff dehnen kann und nicht reißt.

1 Abnäher im Rückenteil nähen: Die Abnäher an den Markierungspunkten rechts auf rechts in den Bruch legen und mit Stecknadeln fixieren. Die Form so nähen, dass sie der eingezeichneten Linienführung entspricht. Darauf achten, dass der Abnäher an seiner breitesten Stelle eine konvex verlaufende Linie hat. Anschließend die Abnäher zur hinteren Mitte bügeln.

2 Schulternähte schließen: Die beiden Vorderteile rechts auf rechts auf das Rückenteil legen, Schulterkanten liegen deckungsgleich, Schulternähte bei 1 cm nähen. Nahtzugaben versäubern und in das Rückenteil bügeln.

3 Seitennähte schließen: Die Seitenkanten von Vorder- und Rückteil separat versäubern. Vorder- und Rückenteil rechts auf rechts legen, stecken und die linke Seitennaht bei 1 cm nähen. Die rechte Seitennaht bis und ab Schlitzmarkierung bei 1 cm nähen. Nahtanfang und -ende am Schlitz gut verriegeln! Die Nahtzugaben auseinanderbügeln und danach rechts und links der Naht knappkantig steppen 3.

4 Volants an vordere Kanten nähen: Die offenkantigen Volants jeweils rechts auf rechts auf die vorderen Kanten inklusive der vorderen Saumkanten legen, stecken und nähen. Nahtzugaben versäubern, inklusive der hinteren Saumkante. Volants in die Vorderteile bügeln, hinteren Saum 1 cm nach links bügeln. Die Nahtzugaben füßchenbreit auf die Vorderteile steppen und fortlaufend den Saum an der versäuberten Kante knappkantig auf das Rückenteil steppen 4.

5 Bindebänder arbeiten: An beiden Bänder je eine kurze Kante 1 cm nach links bügeln. Die Bänder jeweils längs rechts auf rechts in den Bruch legen. Längskanten stecken und nähen. Mit einer Sicherheitsnadel das Band auf rechts wenden. Die kurzen Kanten von Hand schließen.

6 Vorderteil-Beleg und hinterer Halsausschnittbeleg: Vorderteil-Belege rechts auf rechts auf den hinteren Halsausschnittbeleg legen, Schulternähte bei 1 cm nähen und auseinanderbügeln. Die innere Belegschnittkante versäubern. Den Beleg rechts auf rechts auf die Halsausschnittkante legen und feststecken. Nahtzugabe vom Beleg steht an der vorderen Kante 1 cm über. Naht bei 1 cm nähen. Die Nahtzugabe auseinanderbügeln, Beleg nach innen legen und die Strecke mit Bügeltuch in den Nahtbruch bügeln, dabei die überstehende Nahtzugabe des Belegs an der vorderen Kante nach links einschlagen und mit bügeln. Den Beleg feststecken und von links an der äußeren versäuberten Kante knappkantig auf das Vorder- und Rückenteil steppen 6a. An beiden Belegenden die Bänder ca. 1 cm in die Öffnung zwischen Oberstoff und Beleg schieben und von rechts knappkantig aufsteppen 6b + 6c.

7 Ärmel nähen und einsetzen: Ärmel an den Längsschnittkanten rechts auf rechts legen, stecken und die Naht bei 1 cm nähen. Die Nahtzugaben versäubern und nach hinten bügeln. Die Ärmelsaumkante versäubern und 1 cm nach links bügeln. Den Umbruch entlang der versäuberten Kante feststeppen. Beim Einsetzen des Ärmels in das Armloch immer darauf achten, dass der rechte Ärmel in das rechte Armloch und der linke in das linke Armloch genäht wird! Die Ärmelnaht liegt rechts auf rechts exakt an der Seitennaht. Ärmel laut Passzeichen kantenbündig in das Armloch stecken, einnähen und die Nahtzugabe versäubern.

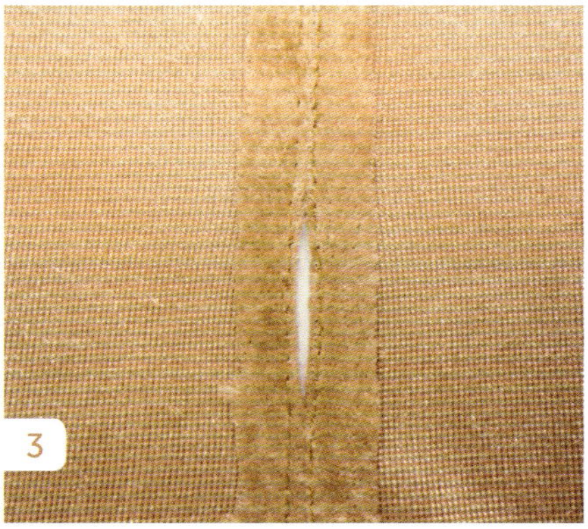
3

4

6a

6b

6c

NOLITA

Dunkelrote Samthose mit Bindegürtel

Größen: 36–44 • **Schwierigkeitsgrad:** ✂ • Schnittbogen C in Grau

Mit dieser dunkelroten Samthose hat man den perfekten Allrounder für sich entdeckt: sportiv tragbar zu einem Grobstrickpulli, elegant mit einem Paillettenoberteil oder mit einer Rüschenbluse kombiniert fürs Büro.

Material

- Samt in Dunkelrot (73 % Baumwolle, 27 % Modal, 150 cm breit), 1,70 m
- Futter in Dunkelrot (100 % Acetat), 40 x 30 cm
- Gummiband in Schwarz, 5 cm breit, 100 cm
- Farblich passendes Nähgarn

Zuschneideplan

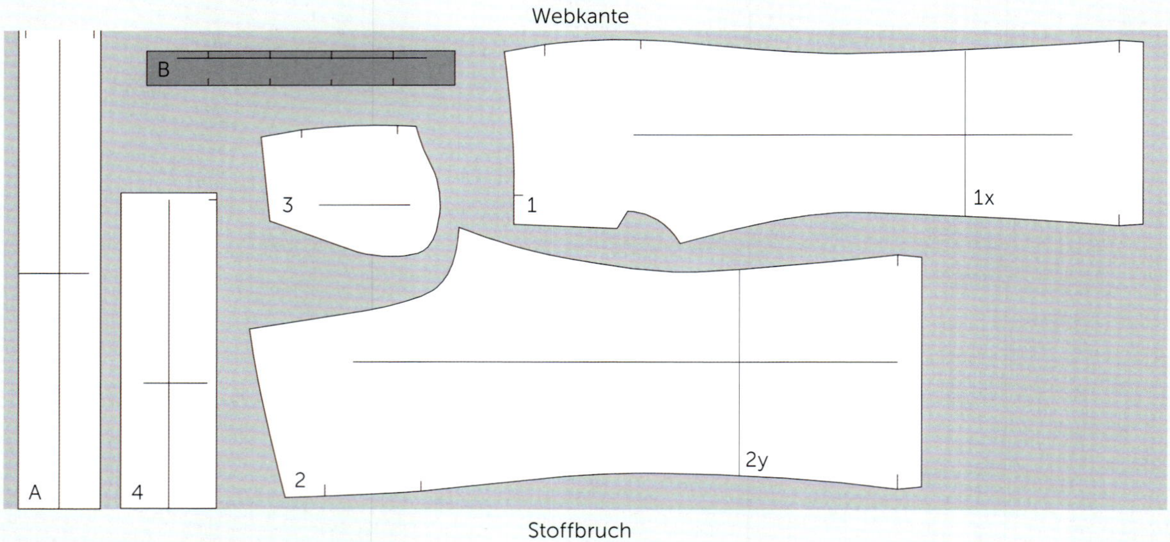

Zuschneiden

Die Schnittteile der gewünschten Größe vom Bogen auf Papier kopieren und ausschneiden.
Bitte beachten: Vorderhose aus den Teilen 1 und 1x und die Hinterhose aus den Teilen 2 und 2y zusammensetzen.

Schnittbogen C in Grau

Größe: 36 ``````````````````````

Größe: 38 -----------

Größe: 40 ‹××××××××××›

Größe: 42 -·-·-·-·-·-·-

Größe: 44 ———————

Schnittteile

- 1 + 1x Vorderhose
- 2 + 2y Hinterhose
- 3 Taschenbeutel
- 3 Futtertaschenbeutel
- 4 Taillenbund

Bitte beachten: Beim Zuschnitt von Samt immer darauf achten, dass in einer Strichrichtung zugeschnitten wird. Mit dem Strich glänzt der Stoff in einem sehr hellen Ton, gegen den Strich glänzt er in einem dunklen satten Ton.

Stoff in den Bruch legen, so dass Webkante auf Webkante liegt. Die Schnittteile gemäß Zuschneideplan auf dem Stoff positionieren. Als Nahtzugabe am Saum 3 cm, an den restlichen Schnittkanten 1 cm zugeben.

- 3 Futtertaschenbeutel: 1x und 1x seitenverkehrt aus Futter schneiden

Nachfolgende Schnittteile sind mit Nahtzugabe angegeben.

- A Bindegürtel: 150 cm lang, 12 cm breit.
- B Gürtelschlaufen: 50 cm lang, 4,5 cm breit.

So wird's gemacht

1 Seitennahttaschen arbeiten: Den Futtertaschenbeutel rechts auf rechts laut Markierung auf die Vorderhose legen, Tascheneingriff nähen. Nahtzugabe zu den Nahtenden einschneiden, Nahtzugabe in den Taschenbeutel bügeln und von rechts knappkantig steppen. Taschenbeutel nach innen legen, Kante ausbügeln. Taschenbeutel rechts auf rechts auf den Futtertaschenbeutel legen, feststecken, die seitliche Nahtzugabe des Taschenbeutels liegt in einer Linie mit der Seitenkante der Vorderhose. Taschenbeutel schließen, Schnittkanten versäubern. Nahtzugaben an der Seitenkante zusammennähen.

2 Vorder- und Hinterhose zusammennähen: Alle Schnittkanten von Vorder- und Hinterhose separat versäubern. Schrittnaht inklusive Hosen-

schlitz sind ausgeschlossen. Vorder- und Hinterhose jeweils rechts auf rechts legen, sodass die äußeren Beinkanten sowie die inneren Beinkanten deckungsgleich liegen. Strecken stecken und bei 1 cm nähen. Nähte jeweils mit Bügeltuch auseinanderbügeln, dabei nicht zu stark drücken damit sich die Nahtzugabenkanten nicht auf die Oberseite durchdrücken.

3 Schrittnaht schließen: Hosenbeine rechts auf rechts ineinander legen. Die Schrittnaht, beginnend am angeschnittenen Hosenschlitz, schließen und dabei darauf achten, dass die inneren Hosenbeinnähte deckungsgleich liegen. Schrittnaht sowie jeweils die Kanten der angeschnittenen Hosenschlitzbelege versäubern.
Für den dekorativen Hosenschlitz am rechten Vorderteil den angeschnittenen Schlitzbeleg an der vorderen Mitte laut Markierung nach links umbügeln. Der angeschnittene Schlitzbeleg liegt nun innen auf der rechten Seite der Vorderhose. Den angeschnittenen Schlitzbeleg der linken Vorderhose ebenfalls in die rechte Vorderhose legen. Die Belege liegen rechts auf rechts kantenbündig aufeinander. Von rechts, 3 cm breit neben der vorderen Mitte (= Schlitzkante) den Hosenschlitz durch alle Stofflagen absteppen. Hosenschlitz bügeln.

4 Taillenbund vorbereiten: Bund einbügeln. Als Bügelschablone einen Streifen aus fester Pappe in der Breite und Höhe des Bundes (ohne Nahtzugabe) zuschneiden. Den Bundstreifen auf das Bügelbrett (rechts unten) legen und die Pappschablone mittig darauf stecken (Nahtzugaben vom Bund sind sichtbar!) Die Nahtzugaben des Bundstreifens um die Schablone herum auf die Schablone bügeln. Pappe abnehmen, an den kurzen Kanten die Brüche nochmals auffalten und den Streifen an den kurzen Kanten rechts auf rechts zum Ring zusammennähen = hintere Mitte. Die Nahtzugaben vorsichtig auseinanderbügeln, dann an der Naht die Bruchkanten nochmals einbügeln.

5 Gürtelschlaufen vorbereiten: Eine Pappschablone in der Breite der Gürtelschlaufen schneiden (ohne Nahtzugabe). Die Nahtzugaben der langen Streifenkanten, wie beim Taillenbund beschrieben, umbügeln. Bruchkanten fußbreit absteppen. Streifen in fünf Stücke schneiden.

6 Taillenbund annähen: An den Markierungspunkten der Vorder- und Hinterhose die Schlaufen rechts auf rechts positionieren und feststecken. Schlaufen liegen im Teil. Eine Bundschnittkante (aufgeklappt) rechts auf links auf die Taillenkante der Hose legen, Schnittkanten und hintere Mitte liegen deckungsgleich. Strecke feststecken. In der eingebügelten Bruchfalz den Bund rundum annähen, danach die Nahtzugaben in den Bund bügeln. Den Bund zur Hälfte auf die rechte Seite schlagen und die zweite eingebügelte Bruchkante auf die sichtbare Naht stecken. **Die eingebügelte Bundkante muss deckungsgleich mit der sichtbaren Naht abschließen!**
Den Bund knappkantig an der Bruchkante aufsteppen. Dabei eine etwa 4 cm lange Öffnung für das Gummiband lassen. Das Gummiband auf Taillenweite plus 2 cm Nahtzugabe schneiden und mit Hilfe einer Sicherheitsnadel in den Taillenbund einziehen. Gummibandenden 2 cm übereinanderlegen und in einem Viereck zusammennähen. Die Kräusel gleichmäßig verteilen und die Öffnung schließen. An der vorderen Mitte, der hinteren Mitte sowie an den Seitennähten jeweils senkrecht durch den Bund samt Gummiband steppen. Gürtelschlaufen liegen nach wie vor im Teil. Unterhalb des Bundes die Gürtelschlaufen füßchenbreit, parallel zur Bundkante auf die Hose steppen. Gürtelschlaufen nach oben an die obere Bundkante legen und mit eingeschlagener Nahtzugabe schmalkantig auf den Bund steppen. Anfang und Ende gut verriegeln!

7 Saum: Untere Beinkante 3 cm nach links bügeln und den Saum von Hand annähen.

8 Bindegürtel nähen: Bindegürtel rechts auf rechts legen, Längskanten aufeinanderstecken und nähen. Mit einer stabilen Sicherheitsnadel den Gürtel auf rechts ziehen. Den Bindegürtel in den Nahtbruch bügeln. Die seitlichen Schnittkanten 1 cm weit nach links in den Gürtel stecken und die Öffnungen von Hand zunähen.

OSTARA

Roter Samt-Blazer mit Schalkragen

Größen: 36–44 • **Schwierigkeitsgrad:** • Schnittbogen A in Schwarz

Wer möchte diesen Samtblazer nicht in seinem Kleiderschrank haben? Pur, elegant, klassisch, alles vereint in diesem Schalkragen-Blazer. Selbst in Kombi mit ripped Jeans geht die Eleganz dieser Jacke nicht verloren, im Gegenteil, es gibt dem Styling seinen besonderen Flair.

Material

- Samt in Rot (100 % Baumwolle, 140 cm breit), 1,70 - 1,70 - 1,70 - 1,80 - 1,80 m
- Stretchfutter in Dunkelrot (96 % Acetat, 4 % Elastan, 140 cm breit), 1,10 m
- Gewebeeinlage in Schwarz, 15 cm (90 cm breit)
- Formband in Grau, 1 cm breit, 150 cm lang
- 2 Knöpfe
- Farblich passendes Nähgarn

Zuschneiden

Die Schnittteile der gewünschten Größe vom Bogen auf Papier kopieren und ausschneiden.
Bitte beachten: Den Vorderteil-Beleg und das Futter-Vorderteil aus dem Vorderteil als Extra-Schnittteil kopieren.

Schnittbogen A in Schwarz

Größe: 36 - — — — — -
Größe: 38 ◦◦◦◦◦◦◦◦◦◦◦◦◦◦◦
Größe: 40 -———————-
Größe: 42 ‹ × × × × × × × × × ›
Größe: 44 ————————

Schnittteile

- 1 Vorderteil
- 1 Vorderteil-Beleg
- 1 Futter-Vorderteil
- 2 seitliches Vorderteil
- 3 Rückenteil
- 4 seitliches Rückenteil
- 11 Oberärmel
- 12 Unterärmel
- 13 Ärmelbeleg
- 23 Tasche
- 24 Taschenklappe

Zuschneideplan

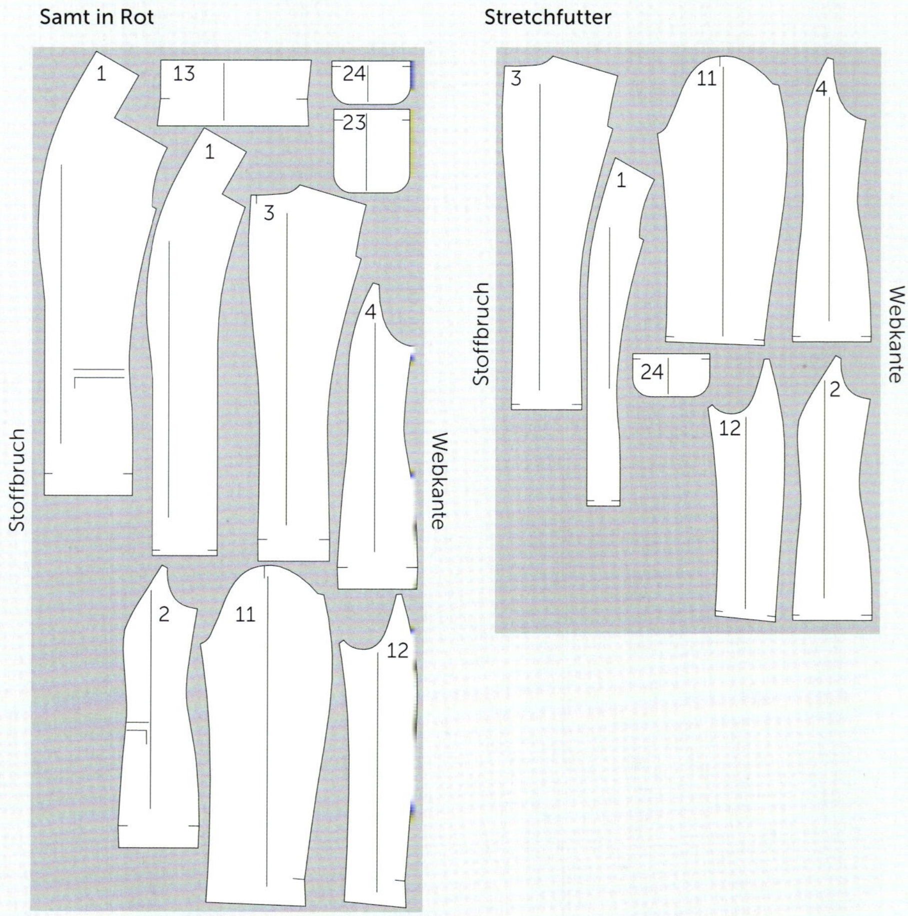

Bitte beachten: Beim Zuschnitt von Samt immer darauf achten, dass in einer Strichrichtung zugeschnitten wird. Mit dem Strich zugeschnitten glänzt der Stoff in einem sehr hellen Ton, gegen den Strich zugeschnitten (ist die übliche Zuschnitt-Variante) glänzt der Samt in einem dunklen satten Ton.

Den Stoff und das Futter in den Bruch legen, so dass Webkante auf Webkante liegt. Die Schnittteile gemäß Zuschneideplan auf dem Stoff bzw. auf dem Futter positionieren.
Als Nahtzugabe an der oberen Taschenkante 2 cm, an der Saumkante des Oberstoffs 4 cm, an den restlichen Schnittkanten 1 cm zugeben.

Vorbereiten

Aus Einlage 4 cm breite Streifen in Länge der Saumkanten schneiden und auf die linken Seiten der Saumkanten bügeln. Einlage auf die Futtertaschenklappe bügeln.
Formband von links auf die hintere Halsausschnittkante, die hintere Schulter sowie auf die vordere und hintere Armausschnittkante jeweils 12 cm ab Schulter (also nur am oberen Armloch) bügeln.

So wird's gemacht

1 Teilungsnähte schließen: Die Rückenteile rechts auf rechts legen, sodass die Schnittkanten der hinteren Mitte deckungsgleich liegen und die Naht bei 1 cm schließen. Nahtzugabe mit Bügeltuch auseinanderbügeln. Die seitlichen Vorder- und Rückenteile jeweils rechts auf rechts auf die Vorder- und Rückenteile legen, Seitenkanten aufeinanderstecken und die Teilungsnähte bei 1 cm nähen. Alle Nahtzugaben auseinanderbügeln.

2 Tasche mit Taschenklappe: Alle Taschenschnittkanten versäubern. Die obere Taschenkante 2 cm nach links bügeln. Von links den Umbruch an der versäuberten Kante feststeppen. Für die Tasche und die Taschenklappe jeweils eine Pappschablone anfertigen (ohne Nahtzugabe!). Die Taschen auf das Bügelbrett legen, die Schablone so darauf legen, dass die Nahtzugabe sichtbar ist. Die Nahtzugabe um die Schablone herum auf die Schablone bügeln. Danach die Taschen links auf rechts laut Schnittmarkierung auf die Vorderteile legen, feststecken knappkantig aufsteppen. Nahtanfang und -ende gut verriegeln 2a!

Je eine Oberstoff-Taschenklappe und eine Futter-Taschenklappe rechts auf rechts legen, die Schablone darauf legen, Nahtzugaben stehen über, Schablone feststecken und ganz knapp neben der Schablone die Klappenteile zusammennähen – obere Schnittkante bleibt offen! Nahtzugabe auf 0,5 cm zurückschneiden. Taschenklappe auf rechts wenden und in den Nahtbruch bügeln. Die oberen Schnittkanten der Klappe füßchenbreit zusammennähen und versäubern. Die Taschenklappe rechts auf rechts auf die Vorderteile legen und feststecken. Die Schnittkante der Klappe liegt parallel zum Tascheneingriff der Tasche! Klappe bei 0,7 cm aufnähen 2b (gut verriegeln!), die Klappe nach unten schlagen und beidseitig knappkantig den Nahtbruch 5 mm ab Umbruch vertikal verriegeln.

3 Schulternähte schließen: Siehe Abschnitt „Angeschnittener Schalkragen" auf Seite 12.

4 Beleg annähen: An den Belegteilen die hintere Mitte schließen. Beleg rechts auf rechts auf das Vorderteil legen, vordere Schnittkanten mit Schalkragen liegen deckungsgleich aufeinander. Kanten stecken, dabei darauf achten, dass die hinteren Mitten exakt aufeinandertreffen. Naht bei 1 cm nähen und die Nahtzugaben auseinanderbügeln. Die verstürzte Naht in den Nahtbruch bügeln.

5 Seitennähte schließen: Vorder- und Rückenteil so rechts auf rechts legen, dass die Seitenkanten deckungsgleich liegen, Kanten stecken und bei 1 cm nähen. Nahtzugaben auseinanderbügeln.

2a

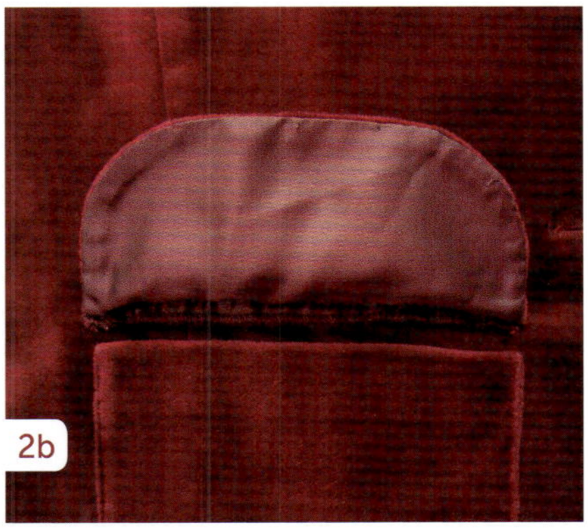
2b

6 Saum: Den Saum, inklusive Beleg (Beleg ist aufgeklappt) bei 4 cm nach links bügeln, danach am Beleg die vordere Kante wieder einbügeln.

7 Zwei-Naht-Ärmel mit Ärmelbeleg arbeiten: Zuerst die innere Ärmelnaht (kürzere Strecke) rechts auf rechts bei 1 cm schließen. Die Nahtzugabe auseinanderbügeln. Den Ärmelbeleg rechts auf rechts auf die Ärmelsaumkante legen. In vertikaler Richtung ab Markierungspunkt beginnend die Strecke in einem Nähvorgang bis zum nächsten Markierungspunkt nähen (an den Ecken den Fuß nach oben, und das Teil um 45° drehen, Fuß nach unten und weiternähen). An den Ecken die Nahtzugabe schräg wegschneiden. Die äußere Ärmelnaht rechts auf rechts legen, stecken und die Naht bis zum Schlitz nähen. Gut verriegeln! Die restliche Strecke vom Ärmelbeleg bei 1 cm nähen. Die Naht vom Ärmel und Ärmelbeleg auseinanderbügeln. Den Ärmelbeleg auf die rechte Seite wenden, den Schlitz und die Ärmelsaumkante den Nahtbruch bügeln 7.

7

8 Ärmel einnähen: Beim Einsetzen des Ärmels in das Armloch immer darauf achten, dass der rechte Ärmel in das rechte Armloch und der linke Ärmel in das linke Armloch genäht wird! Ärmel laut Passzeichen kantenbündig in das Armloch stecken, dabei die Mehrweite des Ärmels im oberen Armlochbereich verteilen; den Ärmel bei 1 cm einnähen.

9 Knopflöcher und Knöpfe: Laut Markierungen die Knopflöcher im rechten Vorderteil einarbeiten und den Knopf am linken Vorderteil annähen.

> *Tipp:* Wenn in der Nähmaschine kein automatisches Knopflochprogramm vorhanden ist, kann ein Knopfloch auch mit Raupen aus dichten Zickzackstichen genäht werden.

10 Mantel bügeln: Bevor das Futter in die Jacke genäht wird, die Jacke sorgfältig abbügeln.

11 Futter nähen: Hintere Mitte recht auf rechts legen und die Naht bei 1 cm nähen. Nahtzugaben versäubern und in eine Richtung bügeln. Die seitlichen Rückenteile rechts auf rechts auf die seitlichen Kanten des Rückenteils legen und die Nähte bei 1 cm nähen. Nahtzugaben versäubern und zur hinteren Mitte bügeln. Die seitlichen Vorderteile rechts auf rechts auf die seitlichen Kanten des Vorderteils legen und die Nähte bei 1 cm nähen. Nahtzugaben versäubern und in das Vorderteil bügeln. Vorder- und Rückenteil an den Seitenkanten rechts auf rechts legen und die Seitennähte bei 1 cm schließen. Nahtzugaben versäubern und in das Rückenteil bügeln. Vordere Längskanten, Schulter- und Saumkante sowie alle Längskanten des Ärmelfutters versäubern.
Schulternähte rechts auf rechts schließen, dabei nur bis 1 cm vor dem Belegansatz nähen. Nahtzugaben auseinanderbügeln.
Ober- und Unterärmel jeweils rechts auf rechts legen, innere und äußere Ärmelnähte bei 1 cm nähen, dabei an einem Ärmel an der inneren Ärmelnaht eine 15 cm lange Öffnung zum Wenden lassen. Nahtzugaben versäubern, an der Öffnung die Schnittkanten separat versäubern, und in den Oberärmel bügeln. Ärmelsaumkante versäubern.
Ärmel in das entsprechende Armloch stecken, dabei die Mehrweite des Ärmels am Schulterpunkt in eine kleine Falte legen und den Ärmel bei 1 cm einnähen. Nahtzugaben versäubern und die Ärmeleinsatznaht bügeln. Das Futter sorgfältig abbügeln.

12 Futter einnähen: Die vorderen Futterkanten jeweils rechts auf rechts auf die Belegschnittkanten legen und feststecken, 4 cm ab Saumkante beginnend die Naht bei 1 cm nähen. Die Nahtzugabe in den Beleg bügeln. Die restliche Schulternaht und das hintere Halsloch schließen. Den Futterärmel links auf links in den Ärmel legen. Die Ärmelsaumkante im Futter rechts auf rechts an die Belegschnittkante legen, den Ärmel über die offene Saumschnittkante auf links ziehen und das Ärmelfutter an den Ärmelbeleg nähen, dabei darauf achten, dass die äußere Ärmelnaht im Futter exakt auf der Naht im Beleg liegt. Nahtzugabe in den Futterärmel bügeln. Blazer auf rechts wenden, die Futtersaumkante rechts auf rechts auf die Saumkante legen und die Saumkanten über die Öffnung im Ärmel auf links ziehen. Saumkanten rechts auf rechts legen, dabei darauf achten, dass die Nähte exakt aufeinanderliegen, feststecken. Saumschnittkanten bei 1 cm nähen. Blazer auf rechts wenden und die offene Ärmelnaht im Futter knappkantig zusammensteppen. Den Saum von rechts fixieren, dafür im Nahtschatten der Teilungsnähte verriegeln. Am Ärmel, ebenfalls von rechts, den Ärmelbeleg an den Nähten im Nahtschatten verriegeln.

PIERINA

Hoodie aus Samt in Dunkelblau

Größen: 36–44 • **Schwierigkeitsgrad:** ✂ • Schnittbogen C in Rot

Ein lässiger Hoodie aus Samtjersey, kuschelig und total gut aussehend. Was will man mehr?

Material

- Samt in Dunkelblau mit Glitzer-Streifen (35 % Baumwolle, 40 % Viskose, 20 % Polyester, 5 % Polyamid, 160 cm breit), 1,40 m
- Samt in Dunkelblau (40 % Baumwolle, 40 % Viskose, 20 % Polyester, 160 cm breit), 0,50 m
- Farblich passendes Nähgarn

Zuschneiden

Die Schnittteile der gewünschten Größe vom Bogen auf Papier kopieren und ausschneiden. Den Kapuzenbeleg aus der Kapuze als Extra-Schnittteil kopieren.

Schnittbogen C in Rot
Größe: 36
Größe: 38
Größe: 40
Größe: 42
Größe: 44

Schnittteile
- 21 Vorderteil
- 22 Rückenteil
- 16 Ärmel
- 17 Kapuze
- 17 Kapuzenbeleg
- 18 Ärmelbund

Bitte beachten: Beim Zuschnitt von Samt immer darauf achten, dass in einer Strichrichtung zugeschnitten wird. Mit dem Strich zugeschnitten glänzt der Stoff in einem sehr hellen Ton, gegen den Strich zugeschnitten (das ist die übliche Zuschnitt-Variante) glänzt der Samt in einem dunklen satten Ton.

Die Stoffe in den Doppelbruch bzw. Bruch legen. Die Schnittteile gemäß Zuschneideplan auf den Stoffen positionieren. Als Nahtzugabe an der unteren Ärmelkante 2 cm, am Saum 2,5 cm und an den restlichen Schnittkanten 1 cm zugeben.

Zuschneideplan

Samt – Glitzerstreifen

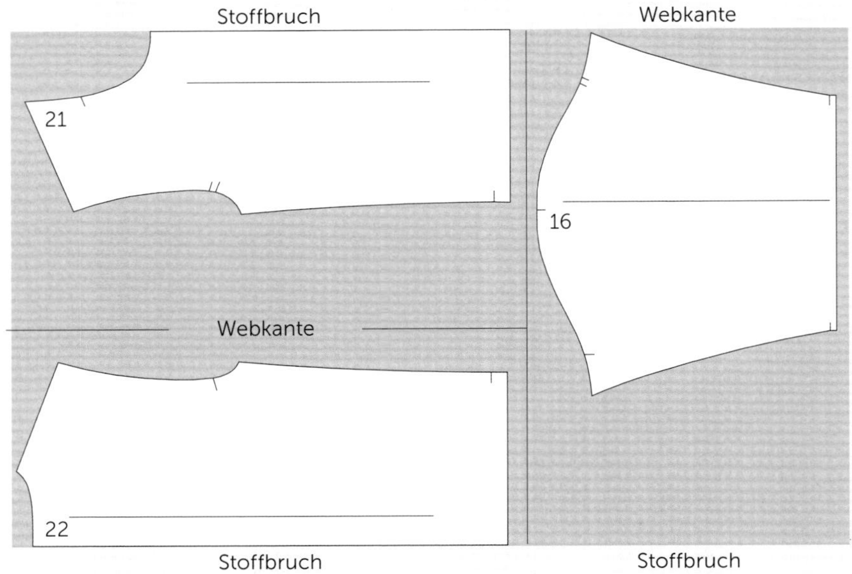

Samt – uni

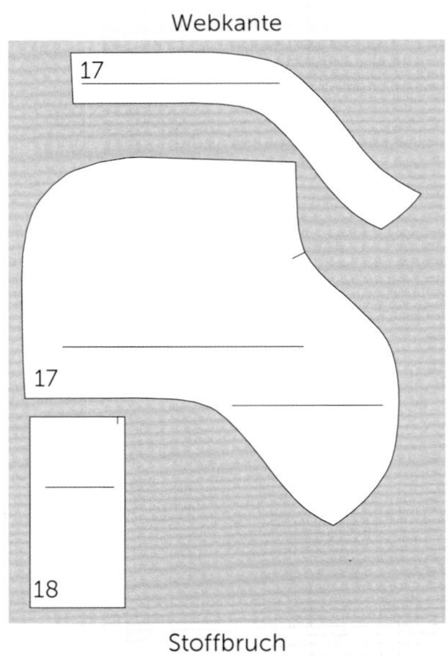

Tipp: Samt von links und mit Dampf bügeln. Keinen starken Druck auf den Stoff ausüben!

So wird's gemacht

Wichtig! Dehnbaren Stoff immer mit einem elastischen Stich verarbeiten, damit sich die Naht gleichmäßig mit dem Stoff dehnen kann und nicht reißt.

1 **Kapuze nähen:** Die oberen Kapuzenschnittkanten, sowie die inneren Schnittkanten des Kapuzenbelegs versäubern. Kapuzenteile rechts auf rechts legen, die Oberkopfkante in kurzen Abständen zusammenstecken und die Naht bei 1 cm schließen.
Die Nahtzugabe auseinanderdrücken und rechts und links der Naht die Nahtzugabe füßchenbreit auf die Kapuze steppen. Naht im Kapuzenbeleg ebenfalls rechts auf rechts schließen, Nahtzugabe auseinanderbügeln. Kapuzenbeleg rechts auf rechts an die vordere Kapuzenkante legen, feststecken und die Naht bei 1 cm nähen. Die Nahtzugabe auseinanderbügeln, den Kapuzenbeleg nach links schlagen und anschließend in den Nahtbruch bügeln. Den Kapuzenbeleg auf die Kapuze stecken und an der äußeren versäuberten Schnittkante feststeppen.
Die rechte vordere Kapuzenkante links auf rechts auf die linke vordere Kapuzenkante legen, die vorderen Mitten liegen aufeinander. Die aufeinanderliegenden Schnittkanten an der unteren Kante zusammensteppen.

2 **Kapuze an Oberteil nähen:** Vorder -und Rückenteil rechts auf rechts legen und die Schulternähte bei 1 cm nähen. Nahtzugaben versäubern und in das Rückenteil bügeln. Kapuze rechts auf rechts an den Halsausschnitt stecken, dabei darauf achten, dass die Schulterpunkte sowie vordere und hintere Mitten aufeinanderliegen. Kanten stecken. Kapuze und Halsloch bei 1 cm zusammennähen, Nahtzugabe versäubern, in das Oberteil bügeln und von rechts füßchenbreit steppen **2**.

3 **Ärmel:** Ärmel rechts auf rechts auf die Armausschnittkanten des Oberteils legen, an den Enden und am Schulterpunkt mit Stecknadeln feststecken und die Naht bei 1 cm schließen. Nahtzugaben versäubern, in das Oberteil bügeln und von rechts füßchenbreit absteppen.

4 **Ärmel- und Seitennähte schließen:** Vorder- und Rückenteil so rechts auf rechts legen, dass die Ärmelschnittkanten und die Seitenkanten jeweils rechts auf rechts aufeinanderliegen. Unbedingt darauf achten, dass die Streifen exakt aufeinandertreffen. Kanten stecken und die Nähte bei 1 cm schließen. Nahtzugaben versäubern und ins Rückenteil bügeln.

5 **Ärmel und Ärmelbund:** Am Ärmelbund die Längsschnittkanten und die untere Kante versäubern. Naht im Ärmelbund rechts auf rechts bei 1 cm schließen und die Nahtzugaben auseinanderbügeln. Die untere Kante 2 cm nach links bügeln und an der äußeren, versäuberten Kante knappkantig aufsteppen. Ärmelbund mit der offenen Kante rechts auf rechts an die Ärmelsaumkante legen – die Naht von Ärmel und Ärmelbund liegen exakt aufeinander, feststecken. Ärmelbund, auf die Ärmelsaumweite gedehnt, annähen. Nahtzugaben versäubern und in den Ärmel dämpfen **5**.

6 **Saum:** Saumschnittkante versäubern und bei 2,5 cm nach links bügeln. An der äußeren versäuberten Schnittkante den Umbruch feststeppen **6**.

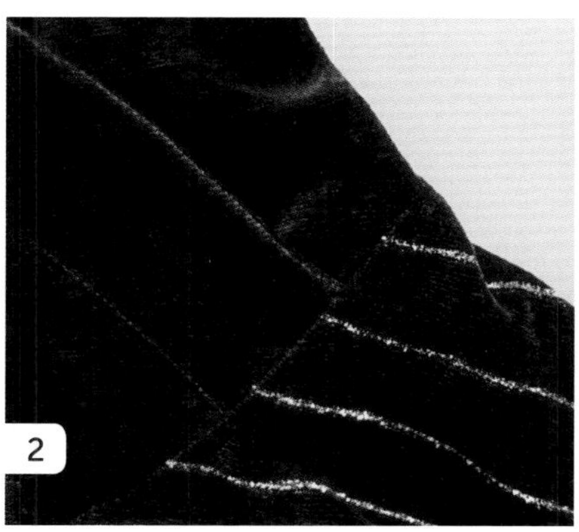
2

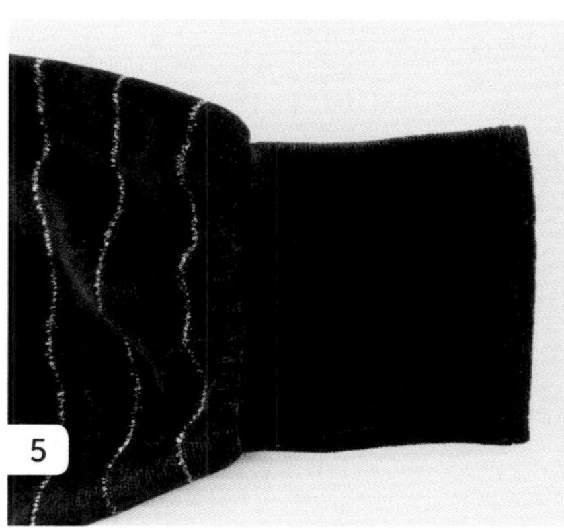
5

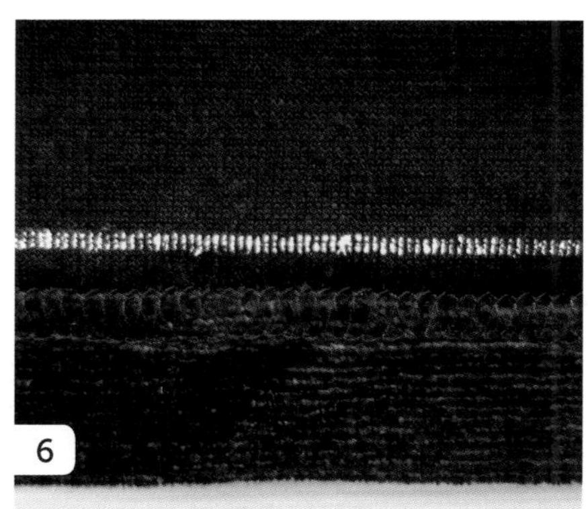
6

RIONA

Pannesamt-Tunika in Grün

Größen: 36–44 • **Schwierigkeitsgrad:** ✂✂ • Schnittbogen A in Rot

Aus Pannesamt in einem leuchtenden Grün ist diese schwingende mädchenhafte Tunika. Optimal tragbar für jeden Anlass.

Material

- Pannesamt in Grün (100 % Polyester, 140 cm breit), 1,60 m
- Gummiband in Schwarz, 3 mm breit, 50 cm
- Farblich passendes Nähgarn

Zuschneideplan

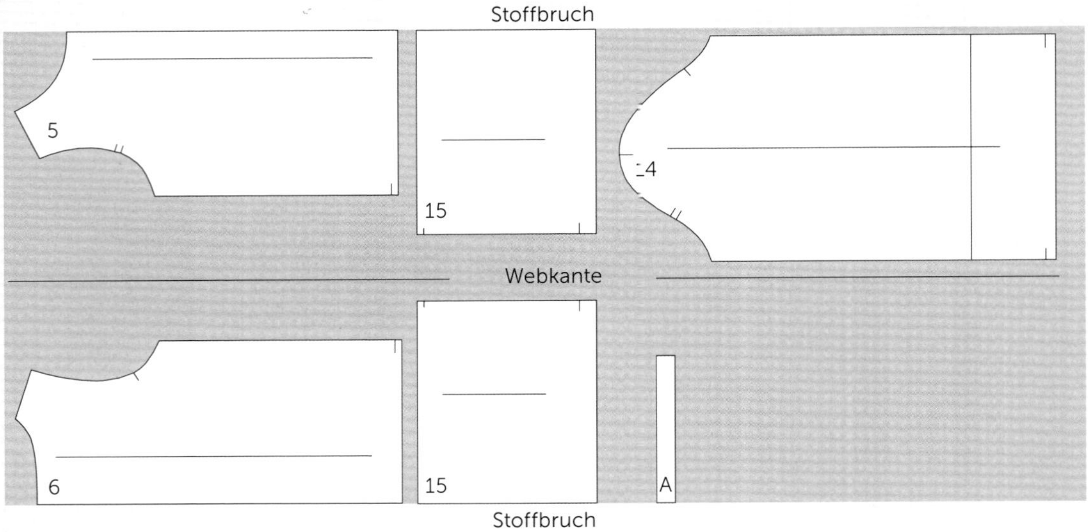

Zuschneiden

Die Schnittteile der gewünschten Größe vom Bogen auf Papier kopieren und ausschneiden.

Schnittbogen A in Rot
Größe: 36 ◦◦◦◦◦◦◦◦◦◦◦◦◦◦◦◦
Größe: 38 ——————————
Größe: 40 ‹××××××××××›
Größe: 42 -·-·-·-·-·-·-·-
Größe: 44 ————————

Schnittteile

- 5 Vorderteil
- 6 Rückenteil
- 14 Ärmel
- 15 Saumrüsche

Bitte beachten: Beim Zuschnitt von Samt immer darauf achten, dass in einer Strichrichtung zugeschnitten wird. Mit dem Strich zugeschnitten glänzt der Stoff in einem sehr hellen Ton, gegen den Strich zugeschnitten (das ist die übliche Zuschnitt-Variante) glänzt der Samt in einem dunklen satten Ton.

Den Stoff in den Doppelbruch legen. Die Schnittteile gemäß Zuschneideplan auf dem Stoff positionieren.

Die Halsausschnittkante ohne Nahtzugabe schneiden, als Naht-/Saumzugabe am Ärmelsaum 1,5 cm, an der unteren Kante der Saumrüsche 2,5 cm und an allen restlichen Kanten 1 cm zugeben.

Nachfolgendes Schnittteil ist mit Nahtzugabe angegeben.
A Halsausschnittblende: Länge: 6 cm kürzer als die Halsausschnittkante, 2 cm breit.

So wird's gemacht

Wichtig! Dehnbaren Stoff immer mit einem elastischen Stich verarbeiten, damit sich die Naht gleichmäßig mit dem Stoff dehnen kann und nicht reißt.

1 Schulternähte schließen: Schulter von Vorder- und Rückenteil rechts auf rechts aufeinanderlegen und die Nähte bei 1 cm schließen. Nahtzugaben versäubern und in das Rückenteil bügeln.

2 Halsausschnittblende: Den Blendenstreifen an den kurzen Kanten rechts auf rechts zum Ring schließen. Die Blenden-Ring mit den offenen Kanten rechts auf links gedehnt an den Halsausschnitt legen und feststecken. Bei 1 cm die Strecke gedehnt nähen. Die Blende + Nahtzugabe zur rechten Seite umschlagen, Blende über die Nahtzugabe legen, offenkantig

feststecken und in gedehntem Zustand füßchenbreit unterhalb des Halsausschnittes 1 cm breit feststeppen 2.

3 Seitennähte schließen: Die Seitennähte rechts auf rechts legen, mit wenigen Stecknadeln zusammenstecken und die Naht bei 1 cm schließen. Seitennähte versäubern und in das Rückenteil bügeln.

4 Ärmel nähen und einsetzen: Gummiband rechts und links an den Markierungspunkten der Längsschnittkanten befestigen und im gedehnten Zustand in der Gummibandmitte auf den Ärmel nähen. Ärmellängskanten rechts auf rechts aufeinanderlegen, stecken und bei 1 cm die Naht schließen, dabei liegen die Gummibandnähte deckungsgleich. Nahtzugaben versäubern und nach hinten bügeln 4a. Ärmelsaum versäubern und 1,5 cm nach links bügeln. Von links an der äußeren versäuberten Kante knappkantig den Umbruch feststeppen 4b. Beim Einsetzen des Ärmels in das Armloch immer darauf achten, dass der rechte Ärmel in das rechte Armloch und der linke in das linke Armloch genäht wird! Die Ärmelnaht liegt rechts auf rechts exakt an der Seitennaht. Ärmel laut Passzeichen kantenbündig in das Armloch stecken, nähen und die Nahtzugabe versäubern.

5 Saumrüsche: Die Saumrüsche rechts auf rechts legen und die Seitennähte bei 1 cm schließen. Die Nahtzugaben versäubern und nach hinten bügeln. Die Saumschnittkante versäubern und 2,5 cm nach links bügeln. Den Saum an der versäuberten Kante knappkantig feststeppen 5. Die obere Schnittkante der Saumrüsche auf die Weite des Oberteilsaums einkräuseln, siehe Seite 14.

6 Saumrüsche mit Oberteil verbinden: Saumrüsche rechts auf rechts an die Saumkante des Oberteils legen – die Seitennähte der Saumrüsche liegen exakt auf den Seitennähten des Oberteils – und feststecken. Auf der Saumrüsche mittig nähen, so kann noch korrigiert werden, falls sich die Kräuselung etwas verschiebt! Nahtzugabe versäubern und die Kräuselfäden entfernen. Nahtzugabe in das Oberteil bügeln 6.

4a

4b

5

2

Tipp: Damit die Kräuselungen ihren natürlichen Fall behalten, wird beim Bügeln die Rüsche an der Kante eines Ärmelbügelbrettes nach unten gehängt und nur das glatte Teil gebügelt bzw. gedämpft.

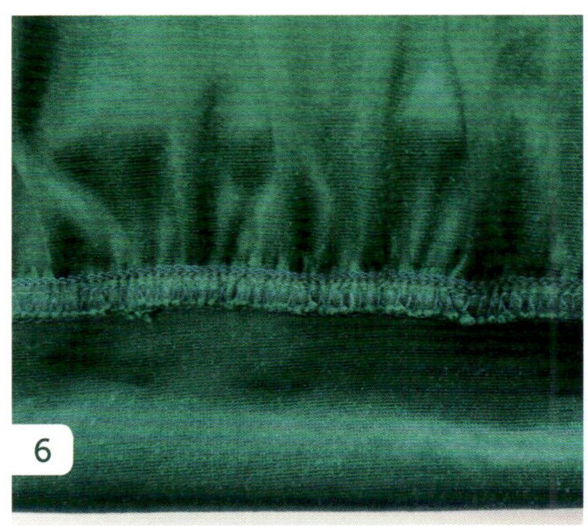
6

VERARBEITUNGSHINWEISE GRUNDAUSSTATTUNG

Folgende Dinge werden generell benötigt und sind in den Anleitungen nicht noch einmal gesondert aufgeführt:

- Nähmaschine
- Maßband und Lineal
- Schnittmusterpapier und Stift/Kopierrädchen
- Schneiderkreide, Markierstifte
- Schneiderschere und kleine Handarbeitsschere
- Steck-, Näh- und Sicherheitsnadeln
- Bügeleisen und Bügeltuch

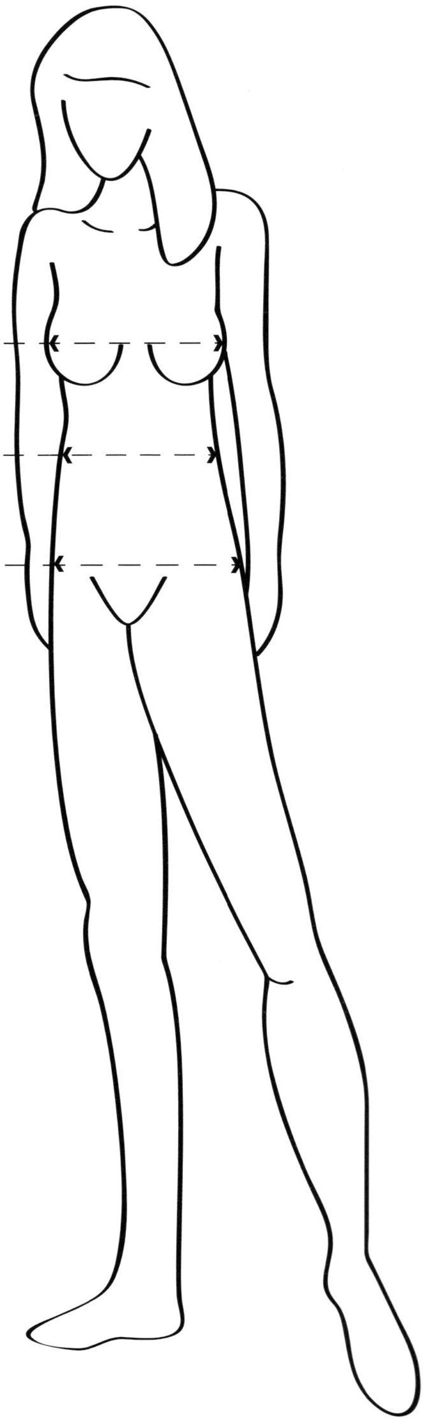

Maßnehmen

Um die richtige Größe zu ermitteln, ist genaues Maßnehmen erforderlich. Brustumfang und Hüftweite messen Sie jeweils über die stärkste Stelle. Die Taillenweite nicht zu eng um die Taille messen.

Vergleichen Sie Ihre Maße mit den Angaben in der Maßtabelle. Mogeln Sie nicht! Denn die richtige Größe ist wichtig, um späteres Abändern zu vermeiden.

Messen Sie nicht den Schnitt aus, denn dieser enthält bereits die erforderliche Weiten-Zugabe.

Die Schnitte beinhalten keine Nahtzugabe!

Maßtabelle

Normale Größen für Damenoberbekleidung

Bezeichnung/ Größe	36	38	40	42	44	46
Brustumfang	84	88	92	96	100	104
Taillenumfang	68	72	76	80	84	89
Hüftumfang	94	98	102	106	110	115

Stoff vorbereiten

Die angegebene Maße und Zuschneidepläne beziehen sich auf die Originalstoffe. Sollten die Stoffmengen oder andere Angaben je nach Größe variieren, so ist das an den jeweiligen Stellen vermerkt. Sollten Sie abweichend davon Stoff mit einer anderen Stoffbreite wählen, verändern sich natürlich Stoffverbrauch und Zuschnitt.

Es ist empfehlenswert, jeden Stoff vor dem Zuschnitt zu waschen und zu bügeln, denn viele Stoffe laufen durch die Wäsche ein – der eine mehr, der andere weniger. Selbst beim Bügeln schrumpfen viele Materialien nochmals. Darauf achten, dass die richtige Bügelwärme einstellt ist. Nicht jeder Stoff verträgt extreme Hitze.

Schnittteile

In der Modellanleitung ist angegeben, auf welchem Arbeitsbogen die benötigten Schnittteile zu finden sind, sowie die Farbe, in der diese gedruckt sind z. B. → Schnittbogen B in Schwarz.

Jedes Schnittteil hat eine spezifische Schnittteilnummer z. B. → 5 Vorderteil. An der unteren und oberen Längsseite des Bogens befindet sich je ein Balken mit Zahlen. Diese Zahlen entsprechen den Schnittteilnummern. Fährt man nun rechtwinklig von der entsprechenden Zahl nach oben bzw. unten in den Schnittbogen hinein, stößt man auf die gleiche, fettgedruckte Zahl. Diese liegt an der Kontur dazugehörenden Schnittteils.

Die verschiedenen Größen sind mit unterschiedlichen Konturlinien gezeichnet. Die Linie wählen, die der Konfektionsgröße entspricht.

Schnittkonturen können optional mit einem Stift (Textmarker) markiert werden. Nun das Schnittteil durchpausen oder herauskopieren. Zum Durchpausen wird Seiden- oder Schnittpapier benötigt. Dies wird auf den Schnittbogen gelegt und das markierte Teil abgezeichnet. Beim Durchradeln (mit dem Kopierrädchen) das Papier unter den Schnittbogen legen und Außenkonturen sowie markierte Linien durchradeln.

Wichtig: Alle Schnitt-Markierungen übertragen. Sorgfältig arbeiten, um exakte Schnittteile zu erhalten.

Die Bruchlinie kennzeichnet die Mitte eines Schnittteils. Manche Teile werden »im Stoffbruch« zugeschnitten. Durch das Anlegen an den Stoffbruch wird beim Zuschneiden die zweite Hälfte des Teils ergänzt. An der Bruchlinie ist keine Naht!

Für Kleidungsstücke werden in der Regel doppelt zugeschnittene Teile, also zwei Ärmel, zwei Kapuzenteile oder auch Vorder- und Rückenteile, doppelt im Stoffbruch zugeschnitten benötigt. Einige Teile werden aber auch in einfacher Stofflage zugeschnitten. Die Zuschneidepläne beim Modell zeigen, wie die Schnittteile auf die verschiedenen Stoffe aufgelegt werden. Teile in doppelter Stofflage sind weiß gefärbt, Teile in einfacher Stofflage sind dunkelgrau gefärbt.

Hinweis: Alle nummerierten Schnittteile plus Naht- und Saumzugabe gemäß Anleitung zuschneiden! Die Schnittteile beinhalten keine Nahtzugabe!

Teile, die mit A, B, C usw. bezeichnet sind, sind vermaßt und inkl. der benötigten Nahtzugabe angegeben.

Zuschneiden

Für einen sauberen Zuschnitt die Schnittteile auf dem Stoff mit kleineren Gewichten beschweren (z. B. Bücher), um ein Verrutschen des Stoffs oder des Schnittteils zu verhindern. Den Schnitt mit Stecknadeln auf dem Stoff zu befestigen ist auch eine Option, die ich jedoch vermeiden würde, um das Schnittmuster zu schonen.

Fadenlauf

Bei einem Gewebe werden Kett- und Schussfäden miteinander verwoben. Der Fadenlauf zeigt immer die Richtung an, in der das Schnittteil aufgelegt werden muss (Kettrichtung). Im Allgemeinen verläuft der Fadenlauf parallel zur Webkante bzw. zum Stoffbruch.

Stoffbruch

Wird der Stoff Webkante auf Webkante zusammengelegt, ergibt sich eine Faltkante, die als Stoffbruch bezeichnet wird.

Doppelbruch

Die Webkanten beidseitig zur Mitte legen, sodass die äußeren Kanten nun im Stoffbruch liegen. Wie weit die Webkanten nach innen geschlagen werden, hängt von der Breite des im Stoffbruch liegenden Schnittteiles ab. Bleibt in der Mitte ein Stück frei, kann dieser Platz für Schnittteile genutzt werden, die in einfacher Stofflage zugeschnitten werden müssen.

Knipse

Knipse sind extrem wichtige Markierungspunkte, die dafür sorgen, dass Schnittteile deckungsgleich aufeinanderpassen. Besonders hilfreich sind Knipse bei unterschiedlichen Kantenformen zweier Schnittteile, die man miteinander vernähen muss. Beim Zuschneiden die Knipse mit einem kleinen Einschnitt von 3 mm markieren.

Schräger Fadenlauf

Der schräge Fadenlauf verläuft im 45-Grad-Winkel zur Webkante. Schnittteile, die in dieser Richtung zugeschnitten werden, sind besonders dehnbar. Daher lassen sie sich beispielsweise schräg zugeschnittene Streifen gut zum Einfassen von Kanten verwenden.

Rechte und linke Stoffseite

Die so genannte »rechte Seite« ist die Schauseite, also die Außenseite des Stoffs. Wenn es also heißt »Stoffteile rechts auf rechts aufeinanderlegen«, zeigen die rechten Schauseiten nach innen und die linken Seiten nach außen.

Stecken und Heften

Stoffteile immer zuerst mit Stecknadeln fixieren oder heften, damit sie beim Nähen nicht verrutschen oder sich Falten bilden. Eine Heftnaht wird mit dem größtmöglichen Geradstich der Nähmaschine oder mit großen Vorstichen von Hand ausgeführt. Nahtanfang und -ende werden nicht gesichert.

Nähen

Der Geradstich ist der grundlegende Nutzstich beim Nähen mit der Nähmaschine. Dies wird auch als »Steppen« bezeichnet. Im Allgemeinen wird auf der linken Stoffseite genäht. Dazu die beiden rechten Stoffseiten aufeinanderlegen und mit Geradstichen zusammennähen.
Elastische Stoffe erfordern elastische Nähte, damit die Nähte nicht reißen. Die meisten Nähmaschinen haben elastische Stiche im Programm, ein Blick in die Gebrauchsanweisung lohnt sich auf jeden Fall.
Falls Sie eine Overlock-Nähmaschine besitzen, schließen Sie die Nähte mit der 4-fädigen Sicherheitsnaht, versäubern Sie die Saumkanten mit einem Overlockstich und nähen Sie die Säume mit der normalen Nähmaschine oder mit einem Coverstich fest.

Verriegeln

Eine Nähmaschinennaht muss am Anfang und Ende vernäht, also »verriegelt« werden, sonst löst sie sich auf. Am Nahtbeginn drei bis vier Stiche vorwärts, dann rückwärts und anschließend wieder vorwärts nähen. Am Nahtende gegengleich verfahren.

Absteppen

Eine Naht oder Kante auf der rechten Seite des Projekts nochmals dekorativ nachsteppen.

Fußbreit

In der Regel ist ein Nähfuß 14 mm breit. Der Abstand der äußeren Fußkanten zur Nadel beträgt auf jeder Seite 7 mm. Schließt die Stoffkante beim Nähen mit der Außenkante des Nähfußes ab, versteht man darunter das »fußbreite Nähen«. Es entsteht hierbei eine Naht, die 7 mm entfernt von der Stoffkante verläuft.

Versäubern

Um zu verhindern, dass die Schnittkanten von Nahtzugaben nach dem Nähen ausfransen, müssen diese, entweder mit einer Overlockmaschine oder per Zickzackstich, umnäht und damit gesichert werden.

Verstürzen

Der Ausdruck »Verstürzen« fasst eigentlich mehrere Arbeitsgänge: Das Zusammennähen zweier Stoffteile (z. B. von zwei Taschenbeuteln), das Zurückschneiden der Nahtzugaben rundherum und an den Ecken, das Einschneiden/Einknipsen von Rundungen und das anschließende Wenden des Teils.

Nahtschatten

»Im Nahtschatten nähen« bedeutet, dass ein verstürztes Stoffteil von der rechten Seite an der verstürzten Naht mit dem Stoffteil verbunden wird.

Beleg

Hierbei handelt es sich um ein kleines Schnittteil, das die gleiche Form hat wie die Kante, die es versäubern soll (zum Beispiel den Halsausschnitt). Der Beleg wird nach dem Annähen nach innen umgeschlagen.

Untersteppnaht

Eine Untersteppnaht ist eine Naht, die von rechts knapp neben der verstürzten Naht den Beleg mit der Nahtzugabe verbindet (z. B. das Halsloch mit dem Belegstreifen). Sie dient zur Stabilisierung des verstürzten Teiles, das im Anschluss in den Nahtbruch gebügelt werden soll.

Impressum

Autorin: Brigitte Büge

Fotografie: Lukas Goldschmidt
Illustrationen: Brigitte Büge
Technische Zeichnungen: Brigitte Büge
Produktmanagement und Redaktion: Theresa Peter
Lektorat: A. Reuß
Covergestaltung, Layout und Satz: GrafikwerkFreiburg
Reproduktion: RTK & SRS mediagroup GmbH
Druck und Verarbeitung:
Neografia a.s.
Sučianska 39A
03861 Martin-Priekopa
Slowakei

EIN BUCH DER CHRISTOPHORUS VERLAG GmbH & Co. KG
Römerstraße 90
D-79618 Rheinfelden
buchverlag@c-verlag.de

ISBN 978-3-8410-6502-5
Art.-Nr. 6502

1. Auflage 2018

Hersteller

Stoffe sind zu beziehen über:
mahler.stoffe e.K.
Wendenstrasse 388-392
Ecke Luisenweg 46
20537 Hamburg
Telefon 040 2518530

Dank der Autorin
Die Zusammenarbeit mit dem Christophorus Verlag ist mir immer eine ganz besondere Freude, herzlichen Dank! Des Weiteren danke ich genauso herzlich meinem Team (Melanie, Benita, Natascha, Celina, Heiko und Manh, sowie Ali und Humayun), das mit großer Freude und sehr viel Engagement dazu beigetragen hat, dieses Werk zu seiner Vollendung zu bringen.

GESTALTE DEINE WELT!

CraSy Mosaik
€ [D] 16,99 / € [A] 17,50*
ISBN 978-3-8410-6459-2

Seelenwärmer, Shrugs & Co.
€ [D] 9,99 / € [A] 10,30*
ISBN 978-3-8410-6377-9

Rucksäcke nähen
€ [D] 14,99 / € [A] 15,50*
ISBN 978-3-8410-6451-6

Fantastische Tropen
€ [D] 12,99 / € [A] 13,40*
ISBN 978-3-86230-323-6

Fantastische Natur
€ [D] 12,99 / € [A] 13,40*
ISBN 978-3-86230-362-5

Wecke deine Kreativität!
€ [D] 19,99 / € [A] 20,60*
ISBN 978-3-86230-398-4

Das Kindergarten-Bastelbuch
€ [D] 14,99 / € [A] 15,50*
ISBN 978-3-8388-3615-7

Raffinierte Papierideen
€ [D] 9,99 / € [A] 10,30*
ISBN 978-3-8388-3608-9

Just Bead It!
€ [D] 9,99 / € [A] 10,30*
ISBN 978-3-8388-3666-9

*vom österreichischen Importeur preisgebunden

www.christophorus-verlag.de